R 12913

Paris
1753

Beausobre, Louis de

Dissertations philosophiques, dont la première roule sur la nature du feu, et la seconde sur les différentes parties,

R
12913

A

R. 2371.
A

DISSERTATIONS
PHILOSOPHIQUES,
DONT LA PREMIERE ROULE

SUR LA

NATURE DU FEU;

ET

LA SECONDE

SUR

LES DIFFERENTES PARTIES

DE LA

PHILOSOPHIE,

ET DES

MATHEMATIQUES.

Par M. DE BEAUSOBRE.

A PARIS,

Chez { DURAND, rue S. Jacques, au Griffon.
PISSOT, Quai de Conti, à la Croix d'Or.

———

M. DCC. LIII.

Avec Approbation & Privilége du Roi.

A

SA MAJESTE',
LE ROI
DE PRUSSE,

Margrave de Brandebourg, Archi-Chambellan, & Prince Electeur du Saint Empire Romain, Souverain Duc de Silesie, Prince Souverain d'Orange, Neuf-chatel, Valengin, & de la Comté de Glatz, Duc de Gueldre, de Magdebourg, Cleves, Juliers, Bergue, Stettin, Pomeranie, des Caſſubes & Vandales, de Mecklen-

bourg, de Crosne, Burgrave de Nuremberg, Prince de Halberstadt, de Minde, Camin, Vandalie, Sverin, de Ratzebourg, Ostfriese & Meurs, Comte de Hohenzollern, de Ruppin, de la Marc, de Ravensberg, Hohenstein, Tecklenburg, Sverin, Lingue, Bure & Leerdam; Seigneur de Ravenstein, de Rostock, Stargard, Lavenburg, Butau, Arlay, & Breda : &c. &c. &c. &c.

SIRE,

LES bontés dont, Votre MAJESTÉ daigne m'honorer, m'autorisent à lui consacrer mes jours avec plus de zele que personne au monde. C'est dans une application assidue, que je dois chercher les moyens de satisfaire à mon dévouement, à mes devoirs, & à ma reconnoissance. Que Votre MAJESTÉ daigne agréer ces foibles essais ! Heureux si quelque jour, je puis lui présenter des fruits !

Je suis avec un très-profond respect.

SIRE,

De Votre MAJESTÉ.

Le très-humble, très-obéissant,
& très-fidele serviteur & sujet.
DE BEAUSOBRE.

APPROBATION.

J'AY lû par ordre de Monseigneur le Chancelier un Manuscrit qui a pour titre, *Dissertations Philosophiques*, dont la premiere roule sur la *Nature du Feu*, & la seconde sur les *différentes parties de la Philosophie*, &c. L'Auteur me fait l'honneur de combattre ce que j'ai dit sur les Principes abstraits. Je serois peut-être soupçonné d'affectation si je le loüois, & d'injustice si je le critiquois; je n'ai rien trouvé dans son Ouvrage qui puisse en empêcher l'impression. A Paris ce 23 Juin 1753.

CONDILLAC.

Le Privilége se trouve au Traité Historique de la Souveraineté du Roi.

DISSERTATION
SUR LA
NATURE DU FEU.

L'ON attache différens sens au mot de feu : quelquefois, mais rarement, les Physiciens entendent par-là le fluide le plus subtil qu'ait produit la nature, celui qui se trouve répandu partout, & que l'on nomme *Æther*; d'autres fois le feu signifie chez eux le mouvement de ce fluide; quelques-uns confondent la chaleur & le feu (*a*), parce que

(*a*) M. Garnier ne seroit-il pas tom-

ces deux choses se trouvent ordinairement ensemble. Je tâcherai de donner quelques idées claires sur ce sujet : c'est le but de cet essai.

On ne sauroit douter, qu'il n'y ait un fluide plus subtil que l'air, si l'on considere avec attention les changemens sensibles, que nous appercevons dans ce dernier véhicule, &

bé dans cette erreur, en raisonnant ainsi. *Je ne connois que deux corps, qui puissent y passer (dans le verre) le feu & la lumiere. Si l'espace......étoit rempli de feu, cette extrémité de la grande branche seroit plus chaude au toucher, ce qui n'est pas ; donc ce n'est pas du feu, donc c'est de la lumiere.* Mais sans dire, que l'on n'apperçoit pas une plus grande clarté, pour y supposer plus de lumiere (ce qui seroit un argument éga-

dont il ne sauroit être lui-même la seule cause efficiente : d'ailleurs l'expérience nous apprend, que les rayons du Soleil, & plusieurs esprits aromatiques passent au travers du verre, qui n'est pourtant pas assez poreux, pour laisser un libre passage à l'air. Le verre (a) électrisé fait la même chose d'une maniere encore plus sensible.

Si l'on me demande si cet *Æther*, ou ce fluide plus subtil

lement faux) je crois que M. Garnier, n'a pas pris garde à distinguer le feu d'avec un effet qu'il produit bien toûjours, mais qui n'est pas toûjours sensible. Voyez le Mercure, Fev. 1753. p. 102.

(a) C'est à un habile Physicien de Leipsic (M. Winckler), que nous devons cette nouvelle découverte.

que l'air, eſt le plus ſubtil de tous les fluides de la nature, je répondrai, qu'il n'y a rien de plus certain ; parce que tous les phénomenes connus peuvent être expliqués d'une maniere naturelle, ſans admettre des fluides plus raréfiés. Nous nous appercevons, qu'il y a de l'air ſur notre globe, & par conſéquent un fluide plus ſubtil que l'eau ; dans l'air nous obſervons des changemens cauſés par quelques corps plus ſubtils que lui ; ce qui nous montre qu'il eſt néceſſaire d'admettre un fluide plus ſubtil que l'air, fluide que nous appellons *Æther*. Voilà les phénomenes qui tombent sous nos sens : on n'en trouve point qui suppose un fluide plus délié ; pourquoi chercherions-nous donc des causes pour des effets inconnus ? On peut s'en tenir-là, sans admettre une suite de fluides les uns plus subtils que les autres, d'autant plus que nous n'aurions aucune raison suffisante pour nous arrêter à l'un plûtôt qu'à l'autre.

Ce fluide très-subtil doit être dans un mouvement perpétuel, parce que le parfait équilibre répugne aux premiers principes de la Physique. Je n'irai point chercher ici dans des idées de métaphysique, des raisons pour établir cette vérité, je la déduis de l'idée du plein, & de l'existence d'un seul mouvement particulier : car dès qu'un corps quelque petit qu'il soit, se meut dans le plein, il est nécessaire que tout ce qui s'y trouve en soit agité. Un équilibre parfait dans la nature, en quelque lieu qu'il soit, supposeroit des corps, sur lesquels rien n'agiroit, ou qui n'effectueroient jamais de réaction. L'une & l'autre de ces deux suppositions est absurde.

La chaleur & la lumiere sont des choses fort analogues ; tous les Physiciens conviennent que l'une & l'autre sont des phénomenes de l'*Æther*, & quelques-uns les supposent cependant d'une nature très-différente. Je crois avoir quelques raisons pour affirmer le contraire, & je vais tâcher de l'établir.

La lumiere & la chaleur sont également des effets de l'*Æther*: de-là je conclus, que leur différence ne consiste, que dans la maniere dont ce fluide est mû : car si ces phénomenes ne différoient que par un degré quelconque du mouvement de l'*Æther*, ils ne causeroient qu'une seule & même sensation, diversifiée seulement par le plus ou le moins de force. On ne sauroit disconvenir, que ce fluide ne peut être mû que de deux manieres ; en ligne droite, ou par des directions variées à l'infini. Ces deux différens mouvemens constituent la véritable différence de la chaleur & de la lumiere ; le mouvement de l'*Æther*, varié dans ses directions produit la chaleur ; celui qui se fait en ligne droite cause la lumiere.

Nous savons que la chaleur raréfie les corps : or ce phénomene indique un agent, qui force par son mouvement toutes les particules du corps raréfié à se séparer, & cette séparation ne sauroit avoir lieu, si l'on ne suppose une action de ce fluide sur toutes les particules de ce corps. Une pareille action demande nécessairement un mouvement dont les directions soient variées : donc la chaleur ne sauroit être expliquée, que par un mouvement très-varié de l'*Æther*.

La lumiere au contraire en suppose un en ligne droite, car pour peu qu'il y ait de confusion dans les rayons, qui viennent frapper la rétine de nos yeux, nous ne voyons rien. L'expérience confirme sensiblement ce que je viens d'établir.

Or il est facile à présent de juger que la lumiere & la chaleur sont deux êtres fort voisins l'un de l'autre : il y a même plus, & c'est ce que j'ose établir contre le sentiment du célébre *Boerhaave*, que, *Madame du Châtelet* a entierement adopté : c'est qu'il n'y a jamais de chaleur sans quelque lumiere, ni de lumiere sans quelque chaleur. Tout le monde en conviendroit, si l'on n'étoit pas naturellement porté à nier l'existence des choses insensibles. Appercevoir de la lumiere sans éprouver la sensation de la chaleur, ou de la chaleur sans éprouver celle de la lumiere, & en conclurre, qu'il y a des cas où ces deux êtres ne coexistent pas dans le même lieu, c'est nier l'existence d'une chose par la seule raison qu'on ne l'apperçoit pas ; &

un argument de cette nature ne prouve rien. Pour qu'on pût fuppofer de la lumiere fans chaleur, il faudroit admettre un *Æther* mû dans une ligne parfaitement droite, fans qu'il fouffrît jamais d'altération dans fon mouvement; & il faudroit prouver, que ce même *Æther* pût être mû dans des milieux, qui ne lui laiffaffent aucun endroit propre à un mouvement rectiligne, pour pouvoir démontrer la poffibilité de l'exiftence de la chaleur fans lumiere. Or ces deux fuppofitions ne fe trouvent pas dans la nature, elles y font même impoffibles. M. *Grew*, allegue (dans fa *Cofmologie Sa-*

crée, Liv. 1. Ch. 1.) le phofphore comme une preuve évidente de l'exiſtence de la lumiere ſans chaleur. M. *Boerhaave* & *Madame du Châtelet*, en appellent aux phénomenes de la Lune. Pour établir au contraire l'exiſtence de la chaleur ſans lumiere, ces derniers nous objectent le fer chaud expoſé dans une chambre très-obſcure. Mais toutes ces expériences ne ſuffiſent pas pour nous convaincre, ſur-tout ſi l'on fait attention à la quantité de phénomenes, qui ſans tomber ſous nos ſens, exiſtent réellement dans la nature. D'ailleurs ces expériences très-douteuſes ſont contre-balancées par des raisonnemens, auxquels on ne sauroit se refuser. On voit même ce fer chaud dans la chambre obscure, & si on le touche, on en voit sortir des étincelles. Il y a une grande différence entre répandre de la lumiere, & en donner quelque peu. Les pores du fer sont disposés de maniere à ne laisser échapper le feu qu'insensiblement, & les particules ignées qui en sortent, sont pour la plus grande partie mûes dans des directions continuellement variées; ce qui fait que la lumiere est alors insensible, & qu'on ne croit appercevoir que de la chaleur. Un *Æther* mû dans de pareilles directions frappe la rétine de nos yeux avec tant de confusion, que l'objet dont il part, ne sauroit y être long-tems imprimé de la même maniere, ni y paroître assez clairement, pour que nous l'appercevions. Celui au contraire qui est mû pour la plus grande partie en ligne droite, qui ne souffre pas assez de fractions & de réfractions, & qui n'est pas forcé à changer de direction d'une maniere assez violente, pour que nous puissions éprouver la sensation de la chaleur, nous paroît tout lumiere, quoiqu'il ne le soit pas. La lumiere se change souvent en chaleur, & la chaleur

chaleur en lumiere. La différence de la chaleur dans un corps noir, qui engloutit tous les rayons du soleil, & qui les oblige à s'y briser, d'avec celle d'un corps blanc, qui en réfléchit une grande partie, auroit dû faire connoître cette vérité à quelques Physiciens.

En admettant qu'un repos total ne se trouve nulle part, & qu'il y a par-tout des milieux beaucoup moins résistans les uns que les autres ; ce fluide le plus subtil de la nature, doit agir différemment par-tout, & se mouvoir tantôt en ligne droite, tantôt dans des directions variées à chaque instant, selon

* B

qu'il eſt plus ou moins en état d'écarter les obſtacles, qui s'oppoſent à ſon mouvement. Nos organes ne ſont pas faits pour éprouver tous ces petits changemens: la raiſon doit nous guider lorſque les ſens commencent à nous manquer. C'eſt à nous à ne pas précipiter nos raiſonnemens ſur les expériences, mais à joindre à ces moyens de connoître la nature, des principes certains & une théorie auſſi exacte qu'il eſt poſſible.

Le Peuple a des idées groſſieres ſur le feu: il n'en ſuppoſe, que lorſqu'il tombe ſous ſes ſens: le feu cependant, qu'il éprouve alors, n'eſt qu'un Æ-

ther chargé de mille particules hétérogenes, c'est un feu plus grossier. L'*Æther* est par-tout en mouvement, & comme il y a par-tout des obstacles, il est naturel de conclurre qu'il y a du feu répandu dans toute la nature. La nécessité d'une direction *superponderante* dans tous les corps, & par conséquent dans l'*Æther* (direction que les corps doivent en partie à eux-mêmes) sert encore à prouver la vérité de ce que je viens d'établir.

Gardons-nous de donner dans l'opinion de ceux qui croyent que ce fluide est composé de petites particules sphériques : car cette supposition nous entraîneroit à admettre un nombre infini de corps entierement semblables, ce qui est absurde : elle nous obligeroit encore à reconnoître ou le vuide, ou un fluide encore plus subtil, que l'*Æther* (ce qui causeroit de nouvelles difficultés) vû que les corps sphériques ne se touchent pas dans tous les points, & laissent nécessairement des interstices vuides entr'eux. Les raisons, qu'on donne pour établir ce sentiment, ne doivent pas nous éblouïr. On dit que l'égalité de l'angle d'incidence & de réflection suppose, que les particules qui forment ces angles, ne touchent les corps sur lesquels ils tombent, qu'en un point : mais de-là je pourrois conclurre, qu'ils sont des globes parfaits, ce qu'aucun Physicien n'oseroit admettre. Il y a plus, l'égalité parfaite de ces deux angles, ne se trouveroit pas même dans la supposition, que les particules constitutives de l'*Æther* eussent une pareille figure, parce que l'on peut se convaincre, qu'il n'y a point de surface entierement platte, quelque polie qu'elle paroisse : or dès que les surfaces sont raboteuses, ces corps doivent les toucher en plus d'un point. D'ailleurs l'angle d'incidence & de réflection ne sont parfaitement égaux, que dans la suppofition des Géometres, la nature n'a point de compas, ni de mefure exacte. La grande mobilité de l'*Æther* ne prouve pas davantage en faveur de la figure des particules de ce fluide. La conféquence que l'on tire, de la facilité que les globes ont à fe mouvoir en comparaifon des corps d'un autre forme, n'eft pas jufte, & ne fauroit être appliquée à une matiere tout-à-fait différente. La mobilité de l'*Æther* eft plûtôt un effet des corps, qui agiffent fur lui, & de fa grande fubtilité, que de la figure de fes particules.

Il faut concevoir l'*Æther* comme un océan où nagent tous les corps de l'univers, & qui est agité de toutes parts par ces mêmes globes : & les corps au contraire comme des cribles, par lesquels ce fluide passe & repasse, & où il cause différens phénomenes, selon le degré de force avec lequel il agit, & selon la structure des corps sur lesquels il agit.

Le degré de force dans l'*Æther* mû n'est pas facile à déterminer : on est embarrassé à bien marquer ce qui augmente ou diminue sa violence ; cet embarras ne proviendroit-il pas en partie du peu, d'attention qu'on a eue à bien distinguer *l'extension* & *l'intensité* de la chaleur ? Peut-être pourroit-on dire en général, que, » plus il y a de particules d'Æ- » *ther*, plus ces particules ont » de force, plus leur action est » violente, & par conséquent » accélerée; plus il y a de points » de contact, plus ces points de » contact offrent de résistance, » plus aussi la chaleur est gran- » de. » Si la chaleur est augmentée par le nombre des particules de l'Æther, & des points de contact, il se fait une *extension* de chaleur : son intensité s'accroît au contraire, si elle est augmentée par un nouveau degré de force

force que les particules ont acquis. L'effet accéléré d'une grande quantité de feu, rassemblé dans un petit espace, comme par exemple, dans celui des foyers d'un miroir ardent, ne prouve pas toûjours une plus grande force *intensive* du feu. Il en est de ceci, comme d'un ouvrage achevé en fort peu de tems, & qui peut-être aussi-bien l'effet de la diligence de quelques peu d'Ouvriers, que celui d'un grand nombre médiocrement laborieux.

Il paroît, par ce que je viens de dire, que l'Æther se trouve répandu par-tout, qu'il s'insinue dans tous les pores & les interstices des corps, qu'il y eſt attaché, & qu'il ſe meut toûjours, (ſoit ſéparément ſoit conjointement avec le corps, dans lequel il ſe trouve). Il faut lui ſuppoſer du mouvement, non-ſeulement dès que l'on admet le plein, & un mouvement particulier de quelque corps que ce ſoit, comme je l'ai dit plus haut; mais encore dès qu'on le ſuppoſe corps. La matiere ſans force & ſans mouvement eſt une chimere; qui dit corps, dit un être étendu qui a des tendances en tous ſens, & une tendance *ſuperponderante*, qui le ſollicite continuellement à changer de place.

Il s'enfuit donc de la nécessité du plein, qu'il y a un fluide le plus subtil de tous ; de l'existance d'un mouvement universel & perpétuel, que ce fluide est toûjours mû ; de la densité des corps, & de la résistance qui en naît, qu'il est brisé, croisé & obligé à changer de direction par-tout ; de ce qu'il est ainsi agité, qu'il y a de la chaleur par-tout ; de ce que ce fluide ne sauroit se mouvoir en quelque lieu que ce soit, sans trouver des milieux, les uns beaucoup moins denses que les autres, qu'il se meut aussi toûjours en ligne droite, (quoique ces directions soient quelquefois changées, & qu'elles ne durent pas toûjours également longtems); & enfin de ce qu'il se meut ainsi, qu'il y a de la lumiere par-tout. L'obscurité & le froid sont plûtôt des *lumieres & des chaleurs évanoüissantes*, que des êtres réels, & absolus.

Pour qu'il y eût un froid absolu, il faudroit ou qu'il y eût un équilibre parfait dans l'Æther, ce qui supposeroit une force égale dans toutes les particules de ce fluide, & un repos total dans l'univers; ou bien que l'Æther se mût sur des corps non résistans, en ligne parfaitement droite, ce qui n'est possible, que dans l'imagination de ceux qui ne veulent pas connoître la nature. Pour qu'il y eût une obscurité parfaite, il faudroit admettre ou un équilibre parfait de l'*Æther*, ou que ce fluide fût continuellement mû dans des directions variées, sans qu'il y eût un seul rayon qui parcourût une ligne droite. Le Peuple s'imagine qu'il n'y a point de lumiere lorsqu'il ne distingue pas les objets qui sont posés hors de lui. Il est vrai qu'alors il n'y en a pas assez, relativement à la structure de ses yeux : mais qui est celui qui connoissant un peu la nature oseroit dire, qu'en fermant les volets d'une chambre, l'*Æther* qui s'y trouvoit répandu, n'a gardé que son mouvement de directions variées, parce qu'on sent encore quelque peu de chaleur ; mais qu'il ne se meut plus du tout en ligne droite, parce qu'on ne distingue pas les objets ? C'est comme si un aveugle nioit l'existence de la lumiere, ou qu'un homme qui a regardé fixement le Soleil, qui l'a ébloüi, s'imaginât qu'il fait nuit. Le thermometre nous a fait voir à l'œil, qu'il fait plus chaud dans les caves en Eté qu'en Hyver: on croyoit le contraire, & cette expérience nous a appris, qu'on ne doit pas toûjours s'en fier aux sensations. La raison nous découvre la même chose par rapport à la lumiere; & si les expériences nous manquent, nous avons du moins des raisonnemens qui doivent nous convaincre, & nous empêcher d'en croire les apparences. Si l'on se fait une idée juste de la chaleur & de la lumiere, on n'aura pas de peine à convenir de ces vérités. On est revenu des qualités occultes dont les scholastiques ont embrouillé la physique, il faut revenir de même des *vertus propres* qu'on pourroit attribuer à l'Æther, & qui ne seroient pas un simple effet de son mouvement. Des milieux inégalement denses expliquent le mouvement;

une matiere subtile, qui partant de tous les points d'un objet, se meut en ligne droite, vient frapper la rétine de l'œil, & y imprime cet objet, explique le merveilleux qu'il y a dans la vûe; & cette même matiere mûe d'une maniere propre à séparer les parties d'un corps sur lequel elle agit, explique le phénomene de la chaleur. Le méchanisme de la nature fait tout, l'univers est une machine artistement construite, qui trouve dans ses ressorts tout ce qui lui convient pour produire ces phénomenes que le Philosophe tâche d'expliquer, & qu'on ne sauroit trop admirer.

L'*Æther* a très-peu de viscidité, & c'est pourtant de tous les corps qui se trouvent dans la nature, celui dont les particules ont le plus de liaison entre-elles, c'est-à-dire, celui dont les particules se touchent en plus de points. De-là on devroit naturellement conclurre, que c'est aussi celui qui a le plus de solidité: mais en faisant attention aux effets qu'il produit, on découvrira facilement, que puisqu'il est si subtil, si mobile, qu'il a des particules qui se touchent en tant de points, & qu'il est cependant si peu en état de résister par sa cohésion, il est de tous les corps celui qui a le plus de particules diſſemblables & inégales, c'eſt-à-dire, différentes par rapport à la figure & par rapport à la force, qui leur eſt inhérente), & par conſéquent celui qui a le moins de viſcidité.

L'*Æther* n'eſt point poreux; car s'il avoit des pores, il faudroit admettre ou le vuide ou un fluide encore plus ſubtil, & par conſéquent il n'eſt pas élaſtique, quoique dans quelques cas il puiſſe augmenter l'élaſticité des corps.

Il faut bien diſtinguer ce fluide lorſqu'il eſt pur, d'avec celui qui charie quantité de particules hétérogenes. Le premier ne se trouve pas sur notre globe, car étant répandu par-tout, & agissant sur tous les corps, il se trouve mêlé à tout, & chargé de particules de toute espece. Il est pour ainsi dire le canevas de tous les corps. Représentons nous ce fluide répandu par-tout, comme l'*alcahest* des Chymistes: il mine & détruit les corps insensiblement; des expériences très-communes nous l'apprennent: chaque corps a une atmosphere particuliere qui lui est plus analogue, que celle d'aucun autre, cette analogie dépend des particules que l'*Æther* sépare de ce corps, & auxquelles il s'unit: l'atmosphere d'une fleur odoriférante, celle d'un homme qui a quelque corruption dans ses humeurs, celle de l'aimant, &c. font voir cette vérité à l'œil. Les atmosphères particulieres, ainsi que celle de notre globe, sont composées de milieux différens par leur densité ; plus l'on approche du corps même, plus le milieu est dense, la pureté de l'air sur les hautes montagnes confirme ceci sensiblement.

La pesanteur est un phénomene qui a beaucoup exercé la sagacité des plus grands physiciens. Quelques Philosophes ont cru que cette propriété des corps étoit quelque chose de réel : mais les expériences de la pompe pneumatique ont servi à détruire cette erreur. D'autres reconnoissant que ce n'étoit qu'une propriété relative, se sont imaginé une matiere gravitante, & cette opinion les a induits à donner une pesanteur à l'*Æther*. Cette question mérite quelque attention, & il sera nécessaire d'en revenir à quelques principes.

On confond ordinairement la pesanteur avec la gravité : ce sont pour-tant deux choses différentes. La gravité n'est autre chose que la *tendance superponderante* d'un corps : la pesanteur au contraire est une tendance *superponderante* & sensible d'un corps vers un certain centre, relativement à une autre insensible.

L'existence du mouvement dans les corps prouve qu'il s'y trouve une force. J'entends par force une *aptitude* au mouvement. Le mouvement aussi-bien que la force supposent nécessairement une direction: or comme tous les corps ont une tendance en tous sens, (c'est-à-dire, qu'ils ont une aptitude à se mouvoir dans toutes sortes de directions), & qu'ils en ont une plus forte que toutes les autres (c'est-à-dire, une aptitude plus particuliere pour une direction que pour une autre) qui auroit toûjours son effet, s'il n'y avoit point d'obstacle qui s'y opposât, je crois pouvoir avancer que tous les corps ont de la gravité: l'Æther en a donc, c'est-à-dire, que ce fluide est composé de particules, qui ont toutes une aptitude plus particuliere à se mouvoir selon une certaine direction, que selon une autre.

Il reste encore à décider si cette tendance superpondérante est la même dans toutes les particules de l'Æther, ou si elles en ont de différentes, je veux dire si elles ont toutes la même direction, ou bien si e'les en ont de différentes. Ne pourroit-on pas avoir raison de croire, qu'il y a un centre dans l'univers, vers lequel le mouvement général des particules de l'*Æther* est dirigé ?

Quant à la pesanteur, (a) il en est tout autrement. Tout le monde convient que l'*Æther* est le plus léger de tous les corps ; ainsi supposé qu'il fût pesant, on ne s'en appercevroit pas, les lois de l'hydrostatique peuvent nous en convaincre. Mais il n'a point de pesanteur, & il ne se trouve sur notre globe, que parce qu'il est par-tout. Car si on lui donnoit une tendance

---

(a) On pourroit appeller la pesanteur une gravité spécifique, ou bien relative.

super-

superponderante vers le centre de notre globe, la même raison nous obligeroit à lui en supposer une vers le centre du soleil ; or qu'on admette autour du *Soleil*, de la *Terre*, de *Mars*, de *Jupiter* &c. un *Æther* dirigé vers le centre de chacun de ces corps, selon qu'il en est plus ou moins éloigné, & l'on aura, à cause de la figure ronde de ces corps, des interstices remplis de ce fluide, auquel on ne sauroit donner aucune direction, sans troubler les autres. Cette même difficulté me paroît bien forte contre les tourbillons de Descartes, qu'un célébre Auteur a tâché de défendre tout recemment.

Les particules de l'*Æther* étant unies à d'autres particules, forment un petit tout, un corps mêlangé, qui occupe une place sur notre globe conformément à sa (a) gravité spécifique. Ainsi une molécule qui seroit composée de dix mille particules d'*Æther* & de dix hétérogenes, se trouvant dans la région de l'air, ou ce fluide seroit mêlé avec d'autres particules à raison de dix mille à tren-

―――――――――――
(a) Sera-t-il nécessaire d'avertir que je prends ici le mot de gravité dans un autre sens, que celui de la page 37. L'usage veut qu'on parle ainsi, & qu'on entende par *gravité spécifique* la raison de la pesanteur au volume. On parleroit plus juste en disant *pesanteur spécifique*.

te, seroit chassé en haut à cause de sa légereté spécifique. On remarque l'effet des lois de l'hydrostatique d'une maniere bien sensible, dans ces corps fort pesans qui nagent sur la surface de l'eau. Ces corps d'une plus grande gravité spécifique que l'eau, ne deviennent d'une plus grande légereté spécifique que la colonne d'eau qui les soûtient, que par un mêlange de leur matiere propre avec beaucoup d'autres spécifiquement plus légeres que l'eau.

L'*Æther* étant dans un mouvement perpétuel, il soûtient souvent ces particules hétérogenes, qui devroient sans cette agitation descendre, & céder à leur propre pesanteur: ce n'est que dans un équilibre apparent, que les lois de l'hydrostatique sont exactement observées. Une espece de concussion que l'on remarque dans les fluides de la nature, sert à expliquer ce qu'il y a de vrai dans les tourbillons Cartésiens.

Il est bon de remarquer qu'une molécule fort chargée de particules d'*Æther*, peut souvent par sa cohesion interne surmonter des obstacles, & detruire des résistances, qui auroient été invincibles pour les particules de ce fluide.

La lumiere & la chaleur des

corps, quelque foible qu'elle soit, se communique aux corps voisins, & il arrive souvent, selon que la structure de ces corps est disposée, que la lumiere du premier se change dans les autres en chaleur, & sa chaleur en lumiere.

Lorsque la communication de la lumiere ou de la chaleur se fait, jusqu'au point de causer dans nos nerfs une sensation de chaleur, ou dans nos yeux une sensation de lumiere, nous disons que ces corps, qui causent en nous ces changemens, s'allument ou s'échauffent.

Les corps s'allument plus ou moins facilement, selon les différentes dispositions où ils se trouvent : ces dispositions dépendent moins des parties mêmes qui les composent, que de leur structure. Plus un corps a de particules d'Æther, plus ces particules ont de force, moins elles ont de cohésion avec les parties constitutives de ce corps, plus la structure de ce corps est propre à un mouvement rectiligne de l'Æther, plus aussi la lumiere est grande & prompte à se répandre dans ce corps: si au contraire, posées les mêmes conditions, la structure est beaucoup plus propre à briser, & à faire croiser ce fluide dans son mouvement, au lieu de dire que dans ce cas la lumiere fera & plus grande & plus prompte, nous le dirons de la chaleur.

Nous avons déja remarqué que la force de la chaleur ne dépendoit pas feulement du nombre des particules de l'*Æther*, puifqu'un volume d'air en contient beaucoup plus qu'un volume égal de métal : nous pourrons dire la même chofe de la lumiere, l'expérience & les raifons à *priori* font d'accord là-deffus. L'on voit des corps extrèmement chauds, qui paroiffent ne donner aucune lumiere, & qui n'en donnent réellement qu'une infenfible : & pour peu que l'on réfléchisse sur la nature de ce fluide, & des corps sur lesquels il agit, on verra qu'il doit être obligé très-souvent à changer de direction, & qu'il se trouve des cas où il y a beaucoup de ses particules, & où cependant il ne peut pas parvenir à un mouvement rectiligne assez grand pour que la lumiere soit sensible.

La communication de la chaleur est assujettie à certaines lois, qu'il sera à propos d'établir ici.

PRE-

PREMIERE LOI.

Un corps allumé, ou tout corps qui a de la chaleur, en communique aux corps voisins, & premierement à ceux qui sont au-dessus de lui.

La chaleur est un effet du mouvement de l'Æther varié dans ses directions ; donc là où il y aura un semblable mouvement, là aussi il y aura de la chaleur : or il doit y en avoir au-dessus du corps allumé préférablement aux autres endroits qui l'environnent, parce que ce fluide étant spécifiquement plus léger que l'air, il doit tendre continuellement vers le

* E

haut, ou ce qui est la même chose, l'air supérieur doit par sa pesanteur spécifique le forcer à s'élever. Cette action de l'air sur l'*Æther* mû, n'interrompt pas tout d'un coup son mouvement : mais il l'affoiblit peu-à-peu, soit par le nombre des particules, qu'il lui enleve, soit par le peu de résistance qu'il lui oppose, pour empêcher qu'il ne rentre dans une espece d'équilibre. Il ne faut pas attribuer ce mouvement de ce fluide vers le haut, à quelque tendance particuliere ; car on lui donneroit alors une force qu'il n'auroit que lorsqu'il seroit en mouvement, & qu'il perdroit dès qu'il feroit parvenu à un équilibre apparent : le mouvement, qu'il a pour caufer le phénomene de la chaleur, ne s'accorderoit pas avec cette tendance ; il la troubleroit. Si l'objection que je fais ici, paroît également oppofée aux idées que je propofe, puifque j'établis, que l'air force l'*Æther* à s'élever lorfqu'il eft mû, & non pas lorfqu'il eft dans une efpece d'équilibre : je réponds que fi ce fluide en repos n'eft pas forcé par l'air à monter, c'eft parce qu'il lui eft fi fort uni, que ces deux fluides n'en font plus qu'un ; & que d'ailleurs l'*Æther* qui s'y trouve, y eft chaffé par celui que le foleil met en mouvement ; au lieu que lorſqu'il eſt dans un mouvement extraordinaire, qu'il ſe ſépare de l'air, & ſe joint aux particules de ſon eſpece, il eſt naturel que l'air agiſſe ſur lui & le diſperſe.

DEUXIEME LOI.

Si une particule ignée agit ſur une autre particule de même volume & de même maſſe, (c'eſt-à-dire de même gravité ſpécifique,) la vîteſſe du mouvement communiqué ſera égale à celle de la particule ignée. Si la gravité ſpécifique de la particule ignée eſt plus grande que celle de la particule choquée, la vîteſſe du mouvement communiqué sera plus grande que celle de la particule ignée avant le choc ; elle sera au contraire plus petite, si la gravité spécifique de la particule ignée est plus petite, que celle de la particule mise en mouvement.

L'expérience prouve bien la vérité de cette loi : qu'on fasse attention à la différence qu'il y a entre la vîtesse, avec laquelle la chaleur se communique par un poële de fer, & par un poële de briques ou de terre grasse, lorsqu'ils sont une fois tous les deux échauffés, & posés dans un milieu également résistant &

également froid. Donc plus la différence de la densité, ou de la gravité spécifique est grande entre les deux corps, (la particule ignée & la particule qui doit être échauffée) plus la vîtesse du mouvement de l'*Æther* dans ces deux particules sera inégale.

TROISIEME LOI.

Si l'impulsion de la particule ignée A, est plus forte que la résistance du corps B sur lequel elle agit : B sera obligé de se mouvoir selon la direction que A lui a imprimée, & avec d'autant plus de force, que la résistance de B est plus grande.

L'expérience le confirme : nous voyons que les corps denses s'échauffent à la fin avec beaucoup de violence, & à proportion de la résistance qu'ils ont opposée à l'action des particules ignées. Le feu agissant sur des corps d'une fort grande légereté spécifique, trouve fort peu de résistance, la quantité de pores qu'il y a, lui laisse un libre passage, & le peu de cohésion interne, lui permet de séparer facilement les particules de ce corps.

QUATRIEME LOI.

La particule ignée A perd au contraire de son mouvement, à raison de la résistance du corps B: donc elle se meut ensuite avec une vîtesse & une force proportionnelles à cette même résistance. De-là je conclus, que plus B résiste, plus dans la suite A sera lent à se mouvoir, & pourra même se trouver sans force apparente.

C'est ainsi qu'une pastille allumée mise sur une surface de métal froid, ne se consume jamais entierement, mais s'éteint après avoir échauffé la partie de métal qui lui est la plus voisine; au lieu qu'elle est entierement réduite en cendres, si on la met sur du bois. Or il est connu de tout le monde, que le métal est spécifiquement plus pesant, & par conséquent plus dense, que le charbon & les aromates, qui composent la pastille, & que le bois est spécifiquement plus léger, & par-là même moins dense. Si la résistance est trop grande, l'*Æther* sera en équilibre, avant que d'avoir eu le tems de produire quelqu'effet sensible dans ce corps. Examinons ce qui se fait dans la pastille : les particules ignées qui la pénétrent, doivent nécessairement agir non-seulement sur une partie de ce petit corps, mais encore sur tout ce qui l'environne, & par conséquent sur le métal : celles qui agissent sur ce dernier corps, en sont repoussées, & trouvent une résistance, qui les oblige à agir sur les particules qui sont derriere elles, dans le même sens que ce métal a agi sur elles, & avec le degré de force qu'il leur a communiqué : ces dernieres sont obligées à réagir, & ce mouvement d'actions & de réactions imperceptibles étant continué, il est facile de concevoir, qu'enfin le mouvement total de toutes les particules ignées qui se trouvoient dans la pastille, a été dirigé vers le métal ; le métal de son côté a résisté assez long-tems à l'action de ces particules, pour qu'elles ayent pû gagner l'équilibre, avant que de le pénétrer sensiblement.

CINQUIEME LOI.

Plus il y a de points de contact entre le corps allumé & le corps froid, plus ce dernier est dense, & par conséquent pesant ; plus le premier est poreux, & par conséquent léger, plus aussi le corps allumé est propre à leur communiquer sa chaleur, & facile à s'éteindre.

Si vous approchez de la pastille allumée un corps spécifiquement plus pesant qu'elle, l'endroit où ce corps la touchera sera bien-tôt sans feu. La même raison est cause, qu'une meche enterrée dans du sable s'éteint dès que le feu est parvenu jusqu'au sable. Il sera bon d'examiner ici le méchanisme admirable, qui se trouve dans l'extinction du feu. Nous savons que plus un corps est dense, plus aussi, après que le feu a une fois surmonté tous les obstacles, il s'échauffe & s'allume avec violence : mais qu'est-ce qui se fait avant qu'il ait pris le dessus ? La résistance du corps retarde le mouvement des particules ignées, qui sortant d'un corps agissent sur lui, & paroissent foibles dans les effets qu'elles produisent d'abord ; le corps qui les reçoit, leur résiste assez pour ne ceder qu'imperceptiblement, il cede pourtant & s'échauffe peu à peu ; les parties qui cédent, communiquent leur mouvement à d'autres, ensorte que tout le feu renfermé dans ce dernier corps se trouve dans peu également mû quoique foiblement ; le feu mû lentement parvient plûtôt à l'équilibre ; ainsi l'équilibre de ce fluide naît de la résistance du milieu, & il y en auroit enfin un qui seroit sensible si son mouvement n'eût été continué, après que tous les obstacles ont été surmontés. Il paroît donc par ce phénomene ainsi analysé, que le feu s'éteint lorsqu'on lui oppose un milieu plus résistant que celui où il se trouve, s'il n'a pas assez de force pour surmonter entierement cette nouvelle résistance. Le feu perd toûjours de sa force, & peut-être de sa quantité, soit qu'il parvienne à prendre le dessus, soit qu'il s'éteigne, force qu'il regagne cependant dans le premier cas. L'expérience a appris cette vérité aux femmes, qui condensant avec leurs éventails l'air qui les environne, sentent une espece de froid, qui dans le fond n'est qu'une moindre chaleur. La nature suit ici une loi constante, c'est que le refroidissement ou *l'extinction* d'un corps allumé, est proportionelle à la différence de la densité du milieu où le feu se trouve, & de la densité de celui qu'il va pénétrer. C'est ainsi que le fer chaud se refroidit lentement à l'air, plus vîte dans l'eau & encore plus vîte dans la terre.

La cause donc qui fait agir le feu avec plus de violence sur les corps spécifiquement plus pesans, devient aussi une cause de son *extinction*, soit dans le corps d'où il part, soit dans celui qu'il pénetre. On remarque dans le dernier cas, que lorsqu'il est occupé à surmonter les obstacles qui s'opposent à son mouvement, il perd peu-à-peu de ses particules qui se communiquent à l'air, qui par sa pesanteur les oblige à s'élever.

Au reste on ne (*a*) sauroit douter que le feu n'agisse préférablement sur les corps d'une fort grande densité, ou pour parler plus juste, que la réac-

---

(*a*) On croit *que les corps en mouvement se portent toûjours vers l'endroit où ils éprouvent le moins de résistance :* cela est vrai de tous les corps pesans, mais faux de l'Æther. On remarque déja le contraire dans *la matiere électrique*, ce qui confirme sensiblement ce que j'établis.

tion de ces corps, ne soit la cause des effets très-considérables, que produit le feu lorsqu'il les pénetre. Si l'on met de la poudre sur un métal bien poli, & qu'on l'allume par les rayons du soleil rassemblés dans le foyer d'un verre convexe des deux côtés, le feu qui est assûrement assez ardent, échauffe beaucoup plûtôt le métal, qu'il n'allume la poudre. Si le métal au contraire est couvert de poussiere, & par conséquent de matieres spécifiquement plus légeres que la poudre, la poudre s'allume bien plûtôt, parce que la résistance n'est pas assez prompte à agir sur le feu, pour en retarder

F

le mouvement. Enfin l'on sait que de l'eau mise sur un morceau de papier, & exposée à la flamme, s'échauffe & est évaporée avant que le papier soit brûlé.

SIXIEME LOI.

Posez les mêmes conditions, moins il y aura d'équilibre dans l'Æther répandu dans un corps, plus ce corps sera facile à s'allumer & à s'échauffer.

On ne peut allumer un corps, qu'en détruisant l'équilibre apparent de l'Æther; ainsi plus cet équilibre sera difficile à détruire, plus il y aura de difficulté à échauffer & à allumer ce corps.

Ne concluons pourtant pas delà que dès que l'équilibre sera détruit, le corps s'allumera ou s'échauffera : nous nous tromperions, en supposant ainsi que l'équilibre de l'Æther est le seul obstacle, il en est d'autres qui peuvent être suffisans, pour empêcher que le même effet ne soit produit. Il faut outre la destruction de l'équilibre, un certain degré de mouvement qui nous rende l'effet sensible, & qui peut ne pas se trouver dans un corps, ou y être *hypothétiquement* impossible. Par exemple il est impossible que l'eau s'allume, parce que le peu de viscidité de ce fluide permet l'évaporation, qui suppose qu'une grande quantité de particules ignées s'élevent, avant qu'elles ayent gagné le degré de mouvement, qu'il leur faut pour faire naître la flamme. Cette même raison nous apprend pourquoi les corps secs s'allument plûtôt que ceux qui sont humides, & les corps chauds plûtôt que ceux qui sont froids.

SEPTIEME LOI.

La résistance du corps B est proportionnelle à sa gravité spécifique, jointe à sa viscidité, c'est-à-dire au degré de cohésion de ses particules.

On se tromperoit en faisant

la résistance d'un corps proportionelle à sa gravité spécifique, sans avoir égard à la cohésion interne. L'expérience nous l'a appris. Il y a des corps spécifiquement plus pesans que d'autres, & qui sont pourtant plus volatils : le mercure est plus volatil que le plomb & l'argent.

HUITIEME LOI.

Le feu pur est d'un moindre effet, que le feu chargé de particules hétérogenes. Posez les mêmes conditions, plus le feu est pur, moins il est sensible dans ses effets.

Il est plus que vraissemblable, que l'Æther pur ne se trouve point sur notre terre : aussi quand je parle de ce fluide, entant qu'il agit sur notre globe, je n'entens autre chose que les particules ignées. La grande ténuité de ses particules, supposé qu'il y en eût qui ne fussent liées à aucune autre hétérogene, seroit cause que les effets, que produiroit leur mouvement seroient peu semblables. Les particules hétérogenes, que l'*Æther* charie, servent à séparer les parties des corps qu'elles pénetrent. L'expérience nous fait voir que les flammes les plus pures, comme celles de quelques *esprits*, brûlent moins que celles qui sont fort chargées, comme par exemple celle d'un bois un peu humide.

NEUVIEME LOI.

Si la particule A de même volume & de même masse que le corps B, lui communique son mouvement lorsqu'il est en repos, (c'est-à-dire lorsque l'Æther qui y est renfermé est dans un équilibre apparent,) A sera en repos après le choc, & B sera mû avec la vitesse, la force & la direction de A.

Cette loi est démontrée par les Géometres : mais comme il n'y a pas dans l'univers deux corps d'une même masse & d'un même volume, (peut-être y font-ils impossibles,) l'expérience ne peut pas en prouver directement la vérité.

On le voit à peu près dans le choc de deux boules, & comme le feu n'est autre chose, que le mouvement de l'*Æther* varié dans ses directions, ce qui est vrai dans le choc des corps sensibles, doit l'être dans celui des particules insensibles.

DIXIEME

DIXIEME LOI.

Donc plus des corps contigus seront égaux entre eux, 1°. par rapport au volume; 2°. à la gravité spécifique; 3°. & au degré de cohésion interne : plus il y aura d'égalité dans le mouvement communiqué de la chaleur. La chaleur se trouvera également répandue.

L'expérience nous le fait voir dans les métaux, & dans l'air. C'est de ce principe, qu'il faut partir, pour bien expliquer la grande vîtesse, avec laquelle la *matiere électrique*, (qui n'est autre chose que l'Æther joint aux particules, qui peuvent se détacher le plus facilement d'un corps, par le mouvement de ce fluide, & par le frottement,) se communique d'un endroit à l'autre. L'air est ordinairement dans une égalité beaucoup plus grande, que ne le sont tous les autres corps (*a*), & par consé-

(*a*) L'égalité par rapport à la densité des milieux de l'atmosphere se trouve en la considérant dans les spheres qui enveloppent notre terre. Ces spheres plus ou moins épaisses gardent entre elles une gradation, ensorte que plus on s'éleve, plus ces milieux qu'on traverse sont raréfiés (& par conséquent moins denses & moins résistans). L'égalité de la chaleur ne sera donc pas dans tous ces milieux à la fois, mais dans ceux qui seront d'une même densité, dans chaque sphere parallele à notre globe.

quent, lorsqu'il n'est pas chargé de particules aqueuses, il a beaucoup plus qu'eux une élasticité presque par-tout égale. Les sons alors sont propagés fort loin, & la moindre agitation se fait sentir. Lors au contraire, que l'eau affoiblit le ressort de l'air, & détruit l'égalité des milieux, on voit qu'il est impossible de produire les mêmes effets. J'ai vû dans l'espace de peu d'heures les effets de l'électrisation réussir plus d'une fois, & manquer peu après, parce que le vent nous avoit emmené des nuages. Et ce qui éclaircit mon idée encore mieux, c'est l'expérience que je vis il y a quelques années à Francfort. On avoit fait passer une corde au travers de plusieurs appartemens & d'une cour, il n'y avoit que 7 à 8 piés de cette corde qui fussent exposés à l'air: cependant quelques gouttes de pluie étant tombées tout-à-coup, l'expérience, qui avoit toûjours réussi, ne fut faite qu'à moitié. La matiere électrique fut donc obligée en partie, à changer de direction, fut interrompue dans son mouvement, & trouva par ce petit changement des milieux qui n'étoient plus également élastiques.

ONZIEME LOI.

Si pendant le mouvement des particules ignées, qui se succedent les unes aux autres, la masse, ou la cohésion des particules du corps B, & par conséquent la résistance, diminue : l'impulsion excedente de ces premieres particules s'accroît, & la (a) *confligence diminue ; c'est-à-dire, que le feu s'étend.*

En difant que les obftacles plus foibles que l'agent augmentent fa force, ne croira-t-on pas que j'avance un paradoxe? il paroît plus

(a) C'eft-à-dire, celle qui eft égale à la réfiftance, & qui eft employée à la furmonter.

naturel de croire qu'ils la diminuent. On s'imagine que dans le vuide les corps feroient éternellement mûs, & que dans le plein il devroit y avoir un repos univerfel. Mais quiconque réfléchit fur la caufe du mouvement, ne la trouvera que dans les différentes forces des obftacles. La réfiftance ne fauroit en diminuant augmenter la violence ou *l'intenfité* du feu, parce qu'elle devient alors la caufe méchanique de la moindre quantité de force employée dans l'action qui fuit immédiatement cette diminution: mais elle peut alors augmenter *l'extenfion* du feu, en lui laiffant un paffage plus libre pour s'étendre plus ou moins uniformément. Si la résistance diminue, il faut que le feu trouve nécessairement des corps ou d'une moindre gravité spécifique, ou d'une moindre cohésion, & par conséquent l'Æther n'y trouve pas une aussi grande réaction, c'est-à-dire une réaction aussi complette, que dans d'autres corps spécifiquement plus pesans, ou beaucoup plus compactes. La foiblesse dans la réaction ralentit la violence du mouvement oscillatoire dans le feu, qui en fait seul la violence.

DOUZIEME LOI.

Plus la différence des milieux par lesquels le feu passe est grande, plus l'effet en paroît different. Ainsi moins le milieu dans lequel il va passer est résistant, relativement à celui qu'il quitte, plus aussi il est véhément dans ce dernier milieu, quoique moins durable.

Si les milieux, dans lesquels le feu agit, étoient par-tout les mêmes, nous ne sentirions ni chaleur ni froid, il se répandroit par-tout foiblement. Couvrez un feu allumé des matieres les plus combustibles, ensorte qu'il trouve par-tout une égale résistance, il s'éteindra bien-tôt. Le peuple s'imagine qu'il est étouffé, & quelques Physiciens veulent, que l'air entretienne le feu : nous verrons ci-dessous, s'ils ont raison de penser ainsi. Il faut cependant remarquer, que cette violence du feu en changeant de milieux fort inégaux, ne se soûtient pas. Après la premiere communication de la chaleur, la continuation de ce mouvement se fait proportionnellement au degré de force, qui reste au feu, & à la résistance du nouveau milieu.

TREIZIEME LOI.

Si des particules ignées de même volume, de même gravité spécifique, de même cohésion, & de même chaleur que le corps B, agissent sur ce corps: où elles conserveront aussi-bien que lui leur premiere chaleur, ou le changement de direction qui pourra être survenu par le mouvement de ces particules, augmentera la chaleur de part & d'autre également.

Il est bien difficile, sinon impossible, de prouver directement ces sortes de vérités par des expériences: mais quiconque a réfléchi sur les lois démontrées du mouvement, ne pourra pas douter de ce que j'avance : il est facile de voir que dans une pareille égalité, tout se réduit aux lois du mouvement.

QUATORZIEME LOI.

Si des particules ignées de même volume, de même cohésion, & de même gravité spécifique, mais d'un différent degré de chaleur que le corps B, agissent sur lui : la chaleur du dernier sera d'abord augmentée, & celle des particules diminuée : mais le mouvement oscillatoire rendra bien-tôt après à ces dernieres, une partie de ce qu'elles auront perdu; & la chaleur du corps & des particules sera en raison inverse, de ce qu'elle aura été avant le changement, c'est-à-dire, que le corps B aura enfin la chaleur des particules ignées A; & vice versa.

Cette loi est confirmée par les raisonnemens que l'on peut tirer de ce qui arrive dans la pastille allumée, qui posée sur un métal chaud est entierement consumée, & d'autant plus vîte, que la chaleur du métal est plus grande que celle de la pastille.

On peut appliquer au feu toutes les autres loix du mouvement, & étendre le nombre de celles que j'ai tenté de donner, pourvû que l'on fasse attention à la structure, à la gravité spécifique, à la cohésion & au volume des corps, & des particules ignées.

Pour peu que nous insistions sur l'idée du plan, nous verrons bien-tôt, qu'il ne passe pas autant de particules d'*Æther* d'un corps dans un autre, qu'on se l'imagine communément. J'étois assez porté à croire d'abord, que ce passage étoit aussi chimérique, que celui d'une force mouvante, qui a toûjours été le refuge de ceux, qui n'ont pas voulu avoir assez de bonne foi pour dire, qu'ils ne comprenoient pas entierement la maniere, dont le mouvement se communique. Mais ayant fait réflexion que dans le mouvement de l'*Æther*, plusieurs de ses particules s'échappoient, il étoit naturel de conclurre, qu'elles étoient remplacées par d'autres. Cependant je vais établir tout le contraire de ce qu'on déduit ordinairement du passage des particules du feu d'un corps dans un autre.

Il faut se bien persuader, que la chaleur & la lumiere ne sont que de simples effets du mouvement, & qu'une matiere *calorifique* & lumineuse est une véritable chimere. S'il y avoit une matiere *calorifique*, je demanderois pourquoi la glace nous paroît si froide, car elle donne des étincelles lorsqu'on l'électrise. S'il y avoit une matiere lumineuse, qui émanât du soleil, je demanderois comment il est possible, que la lumiere arrive en un si court espace de tems du soleil jusqu'à nous, puisque son mouvement devroit être continuellement retardé, lorsqu'elle passe par l'atmosphere : je demanderois encore pourquoi il fait nuit dans une éclipse totale du soleil, puisque la matiere émanée de ce globe doit encore se trouver dans l'atmosphere.

Il s'ensuit des vérités que je

viens d'établir, que la différence de la chaleur naît plûtôt de la force du mouvement des particules ignées que de leur nombre. Les corps qui ont le plus de ce fluide, font ceux mêmes qui font les moins fusceptibles de chaleur ; un corps confumé par le feu a plus de particules d'*Æther* qu'il n'en avoit avant, & lorsqu'il étoit en flamme. Ceci paroîtra un paradoxe, parce qu'on croit communément le contraire, entraîné par le faux principe de quelques Phyficiens, qui veulent que l'*Æther* foit également répandu par-tout. L'immortel *Boerhaave* prétend que le feu eft répandu du en *raison des espaces*; il me semble qu'il seroit plus aisé de prouver qu'il l'est *en raison inverse de la densité des corps*; c'est-à-dire, que plus les corps sont raréfiés, plus il s'y trouve d'*Æther*. Madame *du Châtelet*, qui a entierement suivi les principes & les conséquences, que ce grand Physicien établit dans le 1. vol. de sa Chymie, a crû pouvoir prouver d'une maniere incontestable, que ce fluide étoit répandu en raison des volumes, parce que le thermometre appliqué à différens corps exposés à l'air, montre qu'ils sont également chauds ou froids. Je répondrai à cette difficulté par les remarques fuivantes. I. Le thermometre ne fait connoître que le degré du mouvement de l'*Æther*, lorfqu'il eft parvenu à agir fenfiblement fur le mercure, & non la quantité de ce fluide. II. Des corps expofés au même air, & parvenus à un degré de température égal à celui de ce fluide, ne font pas plus chauds & plus froids, parce qu'ils ont les uns plus, les autres moins de particules d'*Æther* : dire qu'un avare n'eft pas plus riche qu'un pauvre, parce qu'ils font une dépenfe égale, c'eft fe tromper. III. Le thermometre pourroit marquer une chaleur égale dans différens corps, sans qu'ils fussent pour cela également chauds : ces corps pourroient avoir leur atmosphere particuliere & leur superficie dans une chaleur égale à celle de l'air, tandis que le degré du mouvement des particules de l'Æther dans l'interieur de ces corps pourroit ne pas être sensible au thermometre. IV. Enfin ces différens corps peuvent encore être également chauds, sans qu'on ait besoin d'admettre un Æther répandu en *raison des espaces*, dans la supposition même que le nombre de ses particules augmente la chaleur : car en l'admettant répandu en *raison inver-*

fe des densités, le nombre des particules du feu dans les uns, seroit contrebalancé par le degré du mouvement de ces mêmes particules dans les autres. On sait que la chaleur est plus violente dans les corps les plus denses.

Les corps contiennent autant d'*Æther*, qu'ils le peuvent, soit qu'ils paroissent chauds, soit qu'ils paroissent froids. Ils n'en ont d'avantage, lorsqu'ils sont chauds, qu'autant que le feu s'est fait plus de place en raréfiant les corps. Il s'agit de distinguer dans l'augmentation de la chaleur, le degré & l'*extension*, ce sont deux choses absolument différentes. Ce ne sont pas des subtilités qu'il faille rejetter, & laisser aux Méthaphysiciens. La nature se dérobe si souvent à nos regards, & l'expérience nous apprend que le défaut de précaution dans les moindres circonstances est si dangereux, qu'on ne sauroit assez insister sur cet article.

On s'est beaucoup appliqué à rechercher un signe, par lequel on pût s'assûrer de la présence du feu, & qu'on pût regarder comme son effet constant. La raréfaction a été préférée par quelques Physiciens à la chaleur & à la lumiere. Le célebre *Boerhaave*, & après lui

Madame du *Châtelet*, a donné dans cette idée. Je n'ai rien à y objecter, j'obſerverai ſeulement que d'habiles gens ſont quelquefois fort inconſéquens. M. *Boerhaave* ne veut point admettre ni la lumiere ni la chaleur comme des ſignes & des effets conſtans du feu, parce qu'il croit pouvoir prouver par des expériences, qu'il y a de la lumiere ſans chaleur, & de la chaleur ſans lumiere, c'eſt-à-dire, qu'il peut y avoir quelquefois du feu ſans lumiere, & du feu ſans chaleur; il prétend au contraire, qu'il n'y a jamais de feu ſans raréfaction. Je conclus donc d'après ces principes, qu'il peut y avoir de la raréfaction sans chaleur. Je suis persuadé que M. *Boerhaave* n'auroit jamais admis cette proposition, du moins elle ne se trouve point dans son ouvrage. Si je voulois me servir du même argument que celui que ce Physicien employe ici, je lui demanderois, quelle est la raréfaction, que les rayons de la lune causent dans les corps? Mais je suis convaincu, que quoique bien des effets soient insensibles, ils n'en existent pas moins pour cela. On fait difficulté d'admettre cette vérité par rapport à la chaleur & à la lumiere, & on n'en fait aucune ; lorsqu'il s'agit de la raréfaction. Je crois avec M. *Boerhaave*, que le feu raréfie toûjours les corps, quand même il ne seroit mû qu'en ligne droite, (c'est-à-dire quand même il ne seroit que lumiere,) quoiqu'il se change ensuite en chaleur, à cause des obstacles qui s'opposent alors à son mouvement rectiligne. Mais je crois avoir prouvé contre lui, que la chaleur & la lumiere sont des effets inséparables de ce même fluide. Gardons nous donc de tirer à la légere des conséquences des expériences que nous voyons : il y a trop de ces fautes d'omission & de *subreption* qui se glissent dans nos

nos raisonnemens. Nous ne voyons pas tout. L'expérience n'est pas en Philosophie *le seul flambeau de la vérité*: bien des gens n'y ont recours que pour ne pas se donner la peine de bien méditer, & dans la crainte de s'exposer à donner dans l'erreur, comme si nous ne devions jamais nous tromper. Il faut raisonner, observer la nature, & faire soi-même des expériences : se contenter de l'un ou de l'autre de ces trois moyens dans la Physique, c'est s'exposer ou à bâtir des systèmes d'imagination fondés uniquement sur des principes abstraits, ou bien à en faire de peu liés, d'inconséquens, & qui seront chargés de causes, qu'on ne peut regarder que comme des effets.

La raréfaction, ou cette vertu du feu qui fait occuper aux corps un espace plus grand que leur masse ne le demande, est très-facile à concevoir par les lois les plus simples du mouvement. Il ne faut pas s'imaginer que les corps ne soient raréfiés ou condensés, que lorsque le chaud ou le froid est sensible : car comme il n'y a pas un moment dans la nature où la chaleur & le froid soient au même degré, les corps aussi ne sont jamais un moment dans la même condensation, ou dans la même raréfaction ; c'est-à-dire, qu'ils sont toûjours dans une alternative de ces deux états ce qui est très nécessaire dans les corps organisés, pour entretenir la circulation des sucs dans les tems froids, & en rallentir la violence dans les tems fort chauds. Pour expliquer le méchanisme du feu dans le phénomene de la raréfaction, il est nécessaire d'établir quelques vérités que je vais proposer.

Il est hors de doute, je pense, qu'il y a de l'*Æther* répandu par-tout, & la raison nous persuade, qu'il est mû par-tout ; &

par conséquent qu'il l'est aussi dans l'intérieur des corps, mouvement qu'on appelle *intestin*. Plusieurs raisons physiques concourent à donner aux particules ignées une direction vers les extrémités du corps dans lequel elles se meuvent. Trois cas sont alors possibles ; car lorsque ces particules choquent la superficie, il peut arriver, 1°. Ou que la partie de la superficie choquée ne résiste point, mais qu'elle suive la direction que l'*Æther* lui a imprimée, & par conséquent qu'elle se sépare de son corps ; 2°. Ou bien que cette partie de la superficie résiste entierement à l'impulsion de la particule ignée, & qu'elle absorbe ainsi son mouvement; 3°. Ou enfin qu'elle ne résiste qu'en partie, & que cédant un peu, elle ne se détache qu'insensiblement avec toutes les parties qui lui sont liées, & donne ainsi le phénomene de la raréfaction, qui est plus ou moins sensible, selon que les particules ignées sont plus ou moins en mouvement, & que les corps sont plus ou moins denses, plus ou moins cohérens, c'est-à-dire, visqueux. Ce dernier cas est celui de tous, qui doit arriver naturellement le plus souvent. Lorsqu'un feu sensible agit sur un corps ; il le pénetre, en sepre les parties les plus exposées à son action, & augmente le mouvement intestin. Donc le feu raréfie, non-seulement en augmentant une cause de la raréfaction qui se trouve dans tous les corps, mais encore en séparant les parties sur lesquelles il agit, & en raréfiant l'air qu'on y voit renfermé : l'air ainsi renfermé dès qu'il est raréfié, se joint à l'action du feu, en tendant continuellement à élargir le corps, à peu près comme un ressort comprimé tend à se debander.

Tous les corps ont des pores où il se trouve de l'Æther, qui n'y étant pas fortement attaché par le contact de ses particules avec les particules du corps, est bien-tôt obligé de céder à l'impulsion de celui qui vient d'y être nouvellement agité, & d'en sortir. L'impétuosité de ces particules *émigrantes*, explique les crevasses & les ruptures que l'on remarque dans les corps échauffés, aussi-bien que le bruit que fait l'air en sortant de sa prison.

L'Æther mû dans l'intérieur des corps, y trouve de la résistance : cette résistance plus ou moins forte sert à nous faire comprendre pourquoi les corps sont quelquefois entierement confumés, tandis que d'autres fois ils ne font que raréfiés; pourquoi quelques corps font confumés dans fort peu de tems, tandis que dans le même tems d'autres ne font qu'échauffés & raréfiés, & ne font confumés que long-tems après. L'action du feu lorfqu'il détruit entierement les corps, n'eft autre chofe que fon mouvement affez violent, pour défunir toutes fes parties, & leur ôter le moyen de fe réunir.

L'air intérieur des corps fert avec le feu à les détruire : mais l'air extérieur fert au contraire à les conferver en rallentiffant la force du feu, & en diminuant sa quantité ; car à mesure que le feu agit sur les corps, l'air le force à s'élever selon les lois de l'hydrostatique, lui fait perdre de son intensité en ne lui opposant qu'une foible résistance ; & il est cause que la résistance du corps sur lequel le feu agit, diminue, à mesure que ce corps se refroidit. Tant que l'air extérieur n'a qu'un foible accès vers le corps allumé, le feu ne perd point de sa force ; c'est ainsi qu'un feu mal éteint consume l'intérieur des corps, & qu'il est nécessaire de lui donner de l'air, pour en interrompre les effets, qui quoique lents n'en sont pour cela que plus forts.

Il est vrai que l'approche de l'air est cause alors que le feu s'étend sur les surfaces, parce que son action qui force les particules ignées à s'élever, ne les empêche pas de rencontrer des corps qui leur résistent : mais il suffit que l'endroit attaqué se trouve ainsi privé de son destructeur, & trouve dans l'air un secours efficace. Il est encore vrai que lorsque le feu est privé d'air, & qu'il trouve partout une résistance à peu près égale, il est obligé de partager sa force, d'agir moins sur chaque partie en particulier; tout agit sur lui & lui résiste également; il agit sur tout, & devient foible, parce que son mouvement est absorbé ; toutes ces résistances prises ensemble sont plus fortes que lui. Mais ceci ne prouve pas, que l'air entretienne réellement le feu, & en augmente la force ou l'intensité. Je ne nie point que l'air ne soit nécessaire à ce fluide : mais il ne l'est qu'autant qu'en l'ôtant on met à sa place des obstacles insurmontables. On auroit tort de m'accuser de subtiliser ici mal à propos : il y a une différence réelle entre être nécessaire par *accident*, ou par *soi-même* ; ces termes de l'école expriment bien ma pensée. On est nécessaire par accident, lorsque n'y étant pas il se trouve quelque chose qui devient un véritable obstacle ; & par soi-même lorsqu'on est ou la seule cause efficiente, ou une cause coefficiente. Ces réflexions me conduisent à établir la regle suivante.

» *L'air détruit le feu, s'il peut*
» *enlever ses particules, avant*
» *qu'il ait assez pénetré le corps*
» *sur lequel il agit, pour y mettre*
» *du nouvel Æther en mouve-*
» *ment, & recompenser par là*
» *continuellement la perte que l'air*
» *lui fait faire. Il augmente au*
» *contraire son intensité lorsqu'il*
» *l'agite avec force, & lui oppose*
» *une résistance extrèmement forte*
» *(comme par exemple celle de son*

» *mouvement*), & *son extension*
» (*c'est-à-dire, qu'il devient la*
» *cause de ses progrès*) *lorsqu'il*
» *détruit les obstacles qui s'oppo-*
» *sent à son accroissement.*

Mais, dira-t-on, d'où vient que la flamme d'une lumiere s'éteint dans le récipient vuide, si ce n'est que l'air étoit nécessaire à son entretien ? Je répons, qu'il est faux qu'il n'y ait point d'air dans le récipient, quelque peine que l'on se soit donnée, pour l'en retirer; il y en a moins, mais toûjours assez pour produire l'effet en question. L'*extinction* de la flamme, & cette tendance qu'elle fait voir vers le bas, prouvent que l'air de la pompe est devenu spécifiquement plus léger, que la flamme chargée de particules de suif ou de cire; or dès qu'elle estdevenue plus pesante, les lois de l'hydrostatique expliquent la raison de ce phénomene, & détruisent l'objection proposée. On ne sauroit assez être sur ses gardes lorsqu'on en appelle aux expériences, pour prouver ses opinions : elles prouvent souvent le contraire. Il est fâcheux qu'on fasse des expériences moins pour trouver la vérité, que pour chercher à établir ses opinions. On n'a qu'à jetter un peu d'eau sur un grand feu, bien loin de l'éteindre, on ne fera qu'augmenter sa violence : qui voudroit conclurre de là que l'eau augmente l'action de ce fluide ? Analysons nos expériences & nos observations, le défaut d'analyse a fait de dangereux empiriques.

J'ai dit que le feu en raréfiant les corps, y faisoit entrer de l'air, qui se joignoit à lui, pour forcer les corps à s'étendre : mais comment est-ce que l'air se raréfie ? Et je réponds par la quantité d'*Æther*, qui prend la place des particules hétérogenes, qui constituent avec l'*Æther* le fluide que nous appellons air. L'air raréfié n'est autre chose qu'un *Æther* purifié. Il faut remarquer que l'air ne se raréfie pas autant qu'on le pense communément : il se condense beaucoup plus qu'il n'est raréfié ; & les effets violens de l'air raréfié, qui rompt ses digues, doivent être moins attribués à la grande raréfaction, qu'à l'impétuosité avec laquelle il est raréfié.

L'expansion des corps est quelquefois si subite que lorsqu'elle est en même tems particuliere, (c'est-à-dire, que tout le corps ne se trouve pas également forcé à s'étendre,) le corps au lieu de s'étendre se rompt. C'est une chose trop connue pour s'y arrêter.

La raréfaction des corps est donc un effet d'un mouvement continué de l'*Æther* ; ce qui fait que lorsqu'il est rallenti, (c'est-à-dire, lorsque le froid succede au chaud,) le corps se condense : on se tromperoit en donnant au froid une vertu propre, ce n'est qu'une privation.

Ceci nous apprend encore que la raréfaction & l'évaporation se touchent de bien près : il n'y a qu'un pas de celle-ci à celle-là. Tous les corps qui s'évaporent, peuvent être raréfiés, & doivent l'être nécessairement auparavant.

Pour soûmettre l'action & la communication du feu au calcul, & réduire tout à une certitude vraiment géometrique, il faudroit savoir quel est le degré du mouvement de l'*Æther*, qui devient sensible au thermometre, déterminer le degré de force des particules de ce fluide, & connoître le degré de résistance dans les differens corps. Si la résistance n'étoit proportionnelle qu'à la simple densité, la chose seroit peut-être plus facile : mais il y a encore la cohésion de ces mêmes corps à considerer. Il faudroit aussi bien prendre garde à distinguer la résistance qui augmente l'action du feu, de celle qui la diminue, comme le fait par exemple la preſſion de l'air : celle-ci eſt d'autant plus efficace, que le corps allumé ou échauffé eſt moins en état de réparer la perte des particules, que l'air enleve au feu.

Nous avons vû plus haut que nôtre globe n'eſt point un centre de gravité de l'*Æther* : il s'enſuit de-là, qu'il ne peſe pas avec les corps ; ainſi la queſtion agitée plus long-tems qu'elle ne le méritoit, à ſavoir ſi le feu augmente le poids des corps, ſe réduit à ſavoir, ſi le feu eſt en état de charier avec lui, & de tranſporter dans les corps qu'il pénetre, des particules qui puiſ-ſent augmenter ſon poids ; &

personne n'a jamais nié un fait aussi évidemment prouvé. Mais il est surprenant que de bons Physiciens se soient imaginé que le feu pese en lui-même : ils ont tâché d'établir cette erreur par des raisonnemens très-foibles, tirés de ce que quelques corps deviennent plus pesans après la calcination. On a si bien répondu à ces raisons, que je n'ai garde de m'amuser à les réfuter. Il faut remarquer 1°. Que le feu rend les corps spécifiquement plus légers, en leur faisant occuper un plus grand espace, lorsqu'il n'y transporte pas assez de particules, pour en augmenter le poids à proportion;

2°. Que le feu en transportant dans un corps des particules hétérogenes, rend un corps spécifiquement plus pesant ; si d'un autre côté en faisant évaporer ou exhaler quelques parties, il n'en diminue pas le véritable poids.

L'*Æther* se trouve répandu par-tout, & semble par-là contredire les lois de l'hydrostatique, sur lesquelles j'ai tâché d'établir une partie des choses que j'ai avancées : mais pour peu que l'on fasse attention que tous les corps de l'univers se trouvent pour ainsi-dire nageans dans un fluide immense ; qu'il y a une pression continuelle & réciproque entre ces mêmes corps (& non une attraction qu'on ne comprend pas); que l'air ne peut pas agir dans l'intérieur de tous les corps, & que le fluide en queſtion trouve par ſa grande ſubtilité une grande quantité de points de contact, on verra qu'on a aſſez de raiſons pour comprendre comment l'*Æther* eſt lié avec tous les corps. Recourir pour réſoudre cette queſtion à l'horreur du vuide des anciens, à l'attraction des Neutoniens, ou à une matiere gravitante, c'eſt ſe bercer d'idées chimeriques, & donner des mots pour des raiſons.

Nous avons vû jufqu'ici, ce que c'étoit que l'*Æther*, la lumiere, la *chaleur*, & les lois que le feu obferve dans fon mouvement : il nous refte à examiner ce que c'eft que le foleil & fes rayons lumineux. Il ne fera pas inutile pour bien difcuter cette queftion, d'établir préalablement quelques principes.

Nous confidérons en général deux fortes de corps dans la Phyfique, des folides & des fluides. A parler juftement il n'y a qu'un feul fluide originairement tel, & que nous avons appellé *Æther* : c'eft dans ce fluide que les corps céleftes fe meuvent, & la nature de leur mouvement sert à comprendre pourquoi il y en a de lumineux par eux-mêmes, & d'autres qui ne font que réfléchir la lumiere. Les corps ne sauroient se mouvoir que de deux manieres, savoir, en changeant continuellement le centre de l'espace qu'ils occupent, ou en ne le changeant point du tout, ou du moins très-peu. Les corps totaux de l'univers, qui conservent toûjours le même centre de l'espace qu'ils occupent, n'ayant qu'un mouvement de rotation, c'est-à-dire, n'étant mûs que sur leur axe, frottent, poussent & agissent continuellement

ment sur le même *Æther*, lui impriment par conséquent un mouvement continu, qui étant propagé, donne ce que nous appellons lumiere & chaleur; & comme dans cette quantité d'*Æther* qu'ils chaffent, il doit y en avoir beaucoup, qui malgré l'atmofphere qu'il pénetre parvient pourtant jufqu'à notre œil en ligne droite; on voit comment il eft poffible que des rayons convergens viennent peindre dans la rétine le difque de ces corps lumineux. Les corps au contraire, qui changent le centre de l'efpace occupé, en décrivant de vaftes orbites, bien qu'ils ayent auffi un mouvement autour de leur axe, n'agiffent pourtant pas toûjours fur le même *Æther*: mais paffant d'un lieu dans un autre avec une extrème vîteffe, ils ne peuvent pas imprimer à l'*Æther* un mouvement continu, & propre à donner de la lumiere & de la chaleur : car en parcourant leur orbite, ils ne fauroient propager fort loin de l'*Æther* mû en ligne droite, (leur double mouvement en trouble la direction). Leur mouvement explique donc la raifon pourquoi leur difque n'eft imprimé fur la rétine de nos yeux, que par un *Æther*, que des corps lumineux dardent fur eux,

& qui en est réfléchi, & non par des rayons, qu'ils auroient eux-mêmes chassés; ou ce qui revient au même, pourquoi ces corps ne sont pas lumineux.

Ces vérités s'accordent très-bien, avec le système de Copernic, qu'ils fortifient même d'une nouvelle preuve. De cette maniere on conçoit facilement tout ce qu'il y a de mystérieux dans la lumiere : remarquons seulement qu'elle n'est d'aucun effet indépendamment des objets dont elle est réfléchie. Nous voyons, parce que des rayons mûs en ligne droite, partant de toutes parts d'un objet, viennent peindre son image sur la rétine de notre œil ; ainſi ôtez tout objet à mes yeux, & vous me placerez dans la nuit la plus obſcure. S'il étoit poſſible qu'un homme eût le dos tourné contre le ſoleil, & que devant lui il n'y eût rien, qu'il n'y eût que de l'*Æther* mû en ligne droite, il ſe croiroit dans les ténebres les plus profondes : on ne voit qu'autant que les objets nous ſont repréſentés clairement : le plus ou le moins de clarté, ne dépend que du plus ou moins de *rectitude* qui ſe trouve dans les rayons. Ces rayons ſont comme de petits pinceaux ou de petits burins, qui impriment dans la rétine, l'objet dont ils font réfléchis. Il y a entre l'œil & l'objet une espece de cylindre (supposons l'objet rond) composé de couches qui sont autant de portraits & d'images de l'objet en question.

Ceci fait juger du cas, que l'on doit faire, de l'opinion de ceux qui veulent que le soleil soit un corps ardent, qu'il fasse plus chaud à proportion qu'on en approche, indépendamment de la résistance, &c. Autant vaudroit-il croire avec *Swinden* que cet astre lumineux est cet endroit qui fait trembler une partie de l'univers. Les observations qui nous ont appris, que le soleil étoit plus près de la terre en été qu'en hyver, auront j'espere assez de pouvoir sur nos esprits, pour reléguer ces idées parmi les erreurs les plus grossieres.

Les rayons solaires réunis par les verres catoptriques ou dioptriques, sont concentrés d'une maniere si forte, qu'ils se croisent eux-mêmes dans leur direction, & qu'ils causent ainsi quelque peu de chaleur, sans d'autres résistances que celle de l'air : mais comme ils ne restent que très-peu de tems dans le foyer, & que l'air supérieur les force à s'élever, que d'autres rayons réfléchis ou rompus leur succedent ; cette chaleur n'est bien sensible, que lorsqu'on lui oppose des obstacles plus forts que celui de l'air; car alors une partie des rayons étant retenue, & d'autres s'y joignant continuellement, pour remplacer ceux qui se sont élevés dans l'air, il est tout naturel que les effets qui en résultent soient des plus considérables. La maniere dont ils agissent est très-facile à expliquer, par-tout ce que je viens d'établir.

Une derniere erreur à relever, regarde le nombre des rayons solaires qui tombent sur un objet. On croit communément que ce nombre est proportionnel à la distance qui se trouve entre le soleil & les corps : mais c'eſt une opinion ſans fondement, elle tire ſa ſource d'un préjugé aſſez commun, c'eſt que le ſoleil eſt enviſagé comme un point, qui envoye des rayons continuellement divergens. Pour peu que l'on faſſe attention à la grandeur immenſe du ſoleil, à ſon mouvement de rotation qui chaſſe l'*Æther* en tout ſens, au plein & à l'impoſſibilité de pouvoir voir le diſque du ſoleil ſans rayons convergens, on jugera bien, que hors de l'atmoſphere des corps totaux de l'univers, les rayons des aſtres lumineux ſe meuvent pàrallelement, &

que dans l'atmosphere les uns deviennent convergens, les autres divergens, & d'autres enfin restent paralleles. Le nombre des rayons qui tombent sur un corps (en supposant égal celui des convergens & des divergens,) est donc proportionel à la superficie exposée à ces mêmes rayons.

Après ce léger essai sur la nature de la chaleur & de la lumiere, il me resteroit encore à examiner les effets du feu, lorsqu'il se joint à d'autres corps, & de-là à expliquer la théorie de la vicissitude des saisons, des météores, des effervescences, &c. Mais comme ces matieres ont été traitées par des génies supérieurs, je n'ai garde de me mettre dans l'alternative ou de répéter ce qu'ils ont dit, ou de me tromper : j'ai préferé la recherche d'un sujet moins traité & où j'ai cru qu'il me restoit quelque chose de nouveau à proposer. Si l'on me reproche de n'avoir embraffé que ce qu'il y avoit de plus facile, sans m'arrêter à examiner ce reproche, je n'ai autre chose à répondre, que

Sumite materiam vestris, qui scribitis æquam
Viribus, & versate diu, quid ferre recusent
Quid valeant humeri.

DISSERTATION
SUR
LES DIFFERENTES PARTIES
DE LA
PHILOSOPHE

DISSERTATION
SUR LES
DIFFERENTES PARTIES
DE LA
PHILOSOPHIE.

TOUTES nos connoissances se réduisent à des faits ou à des raisonnemens : elles ne different que par la maniere de les acquérir. La foi & la raison sont les deux sources, dans lesquelles nous puisons : la premiere nous fournit les vérités historiques, la seconde les vérités philosophiques. Toutes les Sciences & tous les Arts sont ou purement philosophiques, ou purement historiques, ou enfin ils participent également à ces deux sortes de connoissances.

A considérer les choses de cette maniere, la Philosophie seroit en général cette Science universelle, qui regarde tout ce que l'on peut connoître par la raison : & il n'y auroit de sciences possibles que la Philosophie & l'Histoire, s'il est permis d'appeller Science ce qui ne demande que mémoire.

On ne peut considérer que deux *choses* dans les objets qui regardent la Philosophie, les *qualités* & les *quantités* des êtres : tout se réduit sous ces deux points de vûe, qui nous donnent naturellement la division que l'on doit faire de la Philosophie en général, en Philosophie proprement dite, & en Mathématique.

J'appelle *qualités* d'un être, toutes ses propriétés, en tant qu'on peut les connoître sans les comparer à d'autres : & *quantité* d'un être toutes ses propriétés qui ne peuvent être connues que par comparaison. Le Philosophe découvre une propriété, en allegue la cause & la raison, &c. le Mathématicien calcule, en fait connoître la grandeur, &c. A chaque partie de la Philosophie, il y en a une dans les Mathematiques qui y répond.

Ces idées simples & prises dans la nature même des choses, nous donnent une idée claire & distincte de la Philosophie, qu'il est si nécessaire d'avoir, dès que l'on veut travailler avec succès : & en les suivant je définis la *Philosophie* prise dans un sens restreint, par la science des qualités des êtres, en tant qu'on peut les connoître sans la foi.

On n'a peut-être pas été assez attentif à bien distinguer les vérités de créance d'avec les vérités philosophiques : les premie-

premieres ne font point du ressort de la Philosophie proprement dite. On peut, il est vrai, raisonner sur des choses de fait, c'est-à-dire, appliquer à des vérités historiques des raisonnemens tirés de la Philosophie : mais s'aviser de rechercher ce que S. *Augustin* a pensé sur l'ame, pour examiner si *Descartes* a bien raisonné, c'est imiter un homme, qui voudroit juger du gouvernement François, par celui des Sauvages. On peut être Theologien, & même *Saint*, sans être Philosophe : & ce n'est ni à eux ni aux Docteurs des facultés, ni aux vérités indubitables de la foi révelée à nous apprendre ce que nous devons admettre ou rejetter en Philosophie. On n'y reçoit point d'autorité, & il faut douter de tout, jusqu'à ce que la demonstration nous fasse décider. Rien n'est vrai en Philosophie, que ce qui est démontré; rien n'y est vraissemblable, que ce qui est probable, c'est-à-dire, que ce qui a ou plus de raisons, ou des raisons d'un plus grand poids pour l'affirmative que pour la négative. La foi & la Philosophie sont entierement séparées, celle-ci finit ou l'autre commence.

Quel vaste champ pour un Philosophe, que celui que je

viens de lui présenter ! Tout est l'objet de ses recherches, Dieu & la nature, les choses existantes, & celles qui ne sont que possibles.

ONTOLOGIE.

Cependant tous ces objets se réduisent sous un seul point de vûe, sous celui d'être en général. Il y a des attributs qui conviennent à chaque être sans en excepter aucun : ils sont tous sujets à certaines lois, ou pour parler juste, ils ont tous des qualités communes, qui peuvent leur être appliquées à chacun en particulier, & à tous en général. Telles sont leur possibilité, l'immutabilité de leur essence, &c. L'examen de ces qualités, les démonstrations de leur nécessité & de leur réalité, sont ce que nous appellons, ou du moins ce que nous devrions appeller *Ontologie*. C'est de-là que partent les différentes parties de la Philosophie, cette science en est comme le centre.

THEOLOGIE NATURELLE.

Tous les êtres peuvent être rangés sous deux classes, ils sont ou contingens (limités, finis,) ou nécessaires (illimités, infinis.) La science, qui s'occupe de l'examen des êtres nécessaires, qui démontre qu'il n'y en a qu'un de possible, qui prouve son existence, qui tâche d'en découvrir & l'essence & la nature, qui en fait connoître le pouvoir, la grandeur, qui donne quelqu'idée de sa maniere d'agir, est communément appellée *Theologie naturelle*.

COSMOLOGIE.

La science au contraire, qui s'occupe des êtres contingens, qui démontre que tous les êtres le sont, hors le seul nécessaire, a été appellée Cosmologie : elle examine ce que c'est qu'un monde, les qualités qui lui conviennent, l'arrangement qui y est nécessaire, elle dévoile ce que l'on doit entendre par la nature, elle établit ce que l'on doit penser sur le surnaturel & sur le miraculeux, elle prouve enfin que s'il y a un monde qui existe, c'est de tous les mondes possibles le plus parfait, &c.

Le Philosophe en poussant son analyse, trouve que parmi les êtres contingens, il y en a qu'il peut concevoir comme esprits, & d'autres qu'il peut se représenter sous la notion de matiere.

PNEUMATOLOGIE.

De-là il envisage ce que c'est qu'un esprit fini, ses propriétés, son caractere distinctif, & la possibilité de son existence ; il prouve la nécessité des esprits dans le monde le plus parfait ; & reconnoît la gradation qu'il peut y avoir entre ces êtres, &c. Cette science s'appelle *Pneumatologie.*

SOMATOLOGIE.

Le Philosophe envisageant ensuite la matiere en général, tâche d'en expliquer l'essence, & de faire voir comment sa nature differe de celle des esprits ; il en fait connoître les élémens ; il examine ce qu'il faut à la matiere en général pour être corps, & pour être corps organisé, il établit les premieres lois du mouvement, & laisse une analyse plus exacte des corps de cet univers au Physicien : ces recherches font le sujet de la *Somatologie* ou *Corporologie*.

PSYCHOLOGIE.

Comme nos connoissances sont fort bornées sur tout ce qui regarde les esprits, nous ne nous attachons gueres qu'à connoître notre ame : la science destinée à cette recherche, est appellée *Psychologie*. L'on y examine la nature, & l'essence de cet être, ses fonctions, sa maniere d'agir, sa liaison avec le corps; l'on tâche d'y prouver l'existence de plusieurs ames,
lors-

lorsqu'on en suppose une; (c'est-à-dire, qu'on y réfute l'*égoïsme*); on y examine s'il seroit possible qu'une ame existât sans corps; on y explique la maniere dont les objets extérieurs agissent sur cet être, &c.

Parmi les qualités, qu'on attribue à l'ame, celle qui la distingue le plus sensiblement des corps, c'est sa liberté, ou cette puissance qu'elle a d'agir conformément au motif qui lui paroît le meilleur. Cette liberté est déterminée, & suit des lois; ces lois font un des plus beaux sujets de la Philosophie. Il s'agit ici de bien développer les différentes idées que l'on s'en fait, & d'éviter une confusion, qui me paroît régner encore aujourd'hui dans plusieurs traités de Philosophie morale.

Il y a trois sortes de motifs, qui peuvent engager les hommes à observer des lois, & ces différens motifs servent à distinguer trois sortes de lois, & à établir la division que je vais proposer. Il y a des lois de force, des lois de prudence, des lois d'équité.

J'appelle lois de force, celles qu'on peut forcer les hommes d'observer, au cas qu'ils ne veuillent pas s'y soûmettre : ces lois font ce qu'on appelle *droit*. Elles varient selon l'état dans lequel les hommes peuvent se trouver, & ces différentes sortes d'état, font naître différentes sortes de droit.

DROIT DE NATURE.

Car premierement on peut envisager les hommes comme isolés, hors de toute société dans l'état naturel, & n'étant liés les uns aux autres que par la seule qualité d'hommes, & d'habitans d'un même globe. Les lois que de tels hommes pourroient être contraints d'observer entr'eux, font le sujet du *droit de nature*. C'est ici par exemple, qu'il faudroit examiner, jusqu'où un homme peut contraindre un autre à réparer le dommage qu'il lui auroit fait, sans aller au-delà des bornes de la vengeance naturelle.

DROIT SOCIAL.

On peut en second lieu considérer les hommes dans les différentes liaisons, & dans les différentes sociétés où ils peuvent se trouver; & examiner quelles sont les lois, à l'observation desquelles on peut les contraindre dans ces états. Il y a des sociétés publiques, il y en a de particulieres. Les dernieres se réduisent à trois, à celle d'un pere & de ses enfans, d'où naît la théorie du *droit parental* ; à celle d'un époux & de son épouse, d'où naît le *droit conjugal*; & à celle de maître & de valet, qui donne le *droit herile*. Les sociétés publiques peuvent être de deux sortes, car ou il y en aura entre un Prince & son peuple, ce qui donne le *droit public*, ou bien il y en aura entre deux Princes, entre deux peuples. On appelle ordinairement la science qui traite des lois que des Souverains, ou des peuples libres, ont à observer entr'eux, *droit des gens*. Il seroit cependant bon de distinguer ici le droit qu'il peut y avoir entre des Souverains, qui ne sont dans aucune liaison, d'avec celui qui doit se trouver entre des Princes qui sont liés ensemble par certains pactes. Cette distinction n'est pas aussi subtile qu'on pourroit le penser.

L'Europe nous offre assez de Princes qui liés par des pactes, se doivent quelque chose de plus que des obligations naturelles, (c'est-à-dire, fondées sur le seul droit naturel), & le nouveau monde a encore aujourd'hui des princes & des peuples qui ne doivent à ceux de l'Europe, que les devoirs que les hommes se doivent les uns aux autres hors de toute société. J'appellerois donc volontiers le *droit naturel des gens*, cette science, qui établit les lois que des peuples libres sont obligés d'obferver entr'eux, lorfqu'ils ne font liés ni par aucun traité, ni par aucune alliance : & le *droit focial des gens*, celle qui traite des lois que des Souverains ou des peuples libres, liés par des traités font contraints d'obferver.

Toutes ces fciences du jurifconfulte Philofophe ont encore leurs parties, & peuvent encore être fubdivifées : mais je crois qu'il fuffit d'avoir réduit tout fous quelques chefs principaux. Il faut fe fouvenir que le Philofophe fait abftraction des lois & des coûtumes établies. Il ne s'agit pas de donner ici le droit

Romain, ou quelqu'autre droit: il faut établir ce que la raison nous fait découvrir, & ne rien admettre que ce que l'on peut démontrer. Le savant M. *Koeler* a tenté de donner un *droit de nature* dans ce goût-là, & le célebre M. *Baumgarten*, (Professeur à *Francfort*) ayant suivi ses pas a commencé à en donner un véritable systême, suivi & démontré, qu'il seroit à souhaiter de voir bien-tôt paroître. Le même M. *Koeler* a aussi donné un *droit social* & un *droit des gens*.

MORALE.

J'appelle en second lieu *lois*

d'équité, celles que nous devons observer, si nous voulons contribuer au bonheur des autres hommes : l'assemblage de ces lois, fait ce que nous devrions appeller *morale*. Il s'agit ici d'examiner jusqu'où nous devons étendre nos bienfaits à l'égard des autres : & cela se connoît & se détermine, dès que l'on a fixé l'état dans lequel on se trouve. Nous devons aimer tous les hommes, c'est la voix de la nature. Nous ne pouvons pas y être forcés, ce sont des devoirs libres & qu'il dépend de nous d'exercer ou de négliger : mais des motifs tirés des sentimens de l'humanité, qui font le plus d'honneur aux hommes, nous apprennent aſſez l'obligation où nous ſommes d'y ſatisfaire. Il y a des lois d'équité que nous avons même à obſerver à l'égard de ceux qui ſeroient dans l'état naturel : le plus chetif habitant d'un pays étranger & inconnu, eſt pour nous auſſi ſacré que le meilleur de nos amis. A plus forte raiſon y en a-t-il pour ceux que des liaiſons plus étroites ont unis enſemble. C'eſt au moraliſte à paſſer en revûe tous ces différens états de ſociété, & à établir ſur des principes certains toutes les lois d'équité que les hommes qui y vivent ont à observer. L'esquisse que je viens de donner du droit, conduit naturellement à celle qu'on peut faire de la morale.

LA PRUDENCE.

J'appelle enfin lois de prudence, celles que nous devons observer, si nous voulons nous rendre heureux nous mêmes. Ces lois prises ensemble, font une science qui manque jusqu'ici de nom, & que j'appellerois *Politique*, si le mauvais sens qu'on attache à ce mot, ne répugnoit aux idées que je vais proposer.

Notre bonheur ne dépend pas de nous seuls, nous ne sommes pas faits pour tirer de notre propre fonds un bonheur, dont le Stoïque seul ose se vanter : nous le devons pour la plus grande partie à des êtres qui existent hors de nous.

RELIGION NATURELLE.

Parmi tous les êtres qui coexistent avec nous, il y en a un que nous reconnoissons comme le plus parfait, & par conséquent comme le très-parfait. Ce n'est pas ici le lieu d'éluder les sophismes de ceux, qui trouvent qu'une idée peu distincte de la divinité doit nous engager à n'en admettre aucune. Il me suffit de ne rien avancer qu'on n'ait démontré, ou qu'on ne puisse prouver clairement. Les lois que les hommes ont à obferver envers la divinité, s'ils veulent en tirer un bonheur qu'ils en efperent, font le fujet de la *Religion naturelle*. Cette religion n'eft rien moins que les fyftèmes abfurdes des idolatres, elle eft la religion du Philofophe & de la raifon, en tant qu'il n'eft que Philofophe, & qu'il ne fait ufage que de fa raifon. On la regarde comme fort commode, parce qu'on la regle fuivant fes penchans; elle l'eft peut-être moins que bien des religions établies.

PRUDENCE SOCIALE.

Le bonheur de l'homme dépend aussi de ceux avec qui il vit. Des besoins que la nature a établis nous ont appris, que le commerce de nos semblables est propre à rendre notre état plus parfait, qu'il ne le seroit, si chacun étoit abandonné à soi-même. Les sciences qui nous apprennent à le perfectionner, & à tirer tout le fruit possible des situations où nous nous trouvons, sont autant de parties de ce qu'on appelle en général *prudence sociale*. Il y en a donc qui instruisent le pere & le fils, les époux & les épouses, les maîtres & les valets à rendre leur état le plus parfait qu'il est possible.

LA POLITIQUE.

Il y en a qui apprennent aux Rois non-seulement à bien gouverner leur peuple, à rendre leur Etat florissant, & aux sujets à se rendre heureux par les services qu'ils rendent à leurs Souverains, ce qui fait le sujet de la *Politique*; mais qui enseignent encore aux Souverains l'art de se soûtenir contre d'autres Princes, de tirer de leur amitié, de leur alliance, & même des guerres qu'ils ont avec eux, tous les avantages possibles : & ceci est l'objet de la *statistique*.

Parcourez tous les états de l'homme, tirez de la nature de

ces états les lois auxquelles on peut les contraindre, & vous aurez la théorie du droit; tirez en les lois d'équité, & vous aurez la morale qu'ils ont à observer. Voyez enfin comment ils ont à agir s'ils veulent perfectionner leur état & s'y rendre heureux: & vous aurez les lois de prudence qui font de leur reffort.

Nous avons parlé de la nature de l'ame, & de fa liberté, voyons à préfent une derniere qualité de cet être, qui fait le fujet de l'étude des Philofophes; je veux dire fa force de penfer.

Le but que nous avons, lorfque notre ame penfe me fournit
naturel-

naturellement la division que je vais indiquer. Car où elle pense, je parle du Philosophe, pour approfondir & découvrir la vérité, pour la démontrer & la défendre ; ou bien elle pense pour l'orner, pour persuader les hommes plûtôt que pour les convaincre.

LOGIQUE.

Lorsqu'il s'agit de raisonner, d'approfondir, de prouver, il est nécessaire de connoître la route, que l'on doit suivre : il faut savoir distinguer le vrai d'avec le faux, le démontré d'avec le probable ; il faut connoître le foible des sophismes, & le fort des raisonnemens vrais; il faut savoir quel est le chemin qui conduit à la vérité, les moyens de la découvrir, de la défendre, & de réfuter les objections qui pourroient lui paroître opposées. Cette science si nécessaire au Philosophe, & qu'on abandonne toûjours lorsqu'on défend l'erreur, est communément appellée *Logique*. Lorsqu'elle traite de ce que l'on doit observer à l'égard du vrai, du faux & du *démontré*, je l'appellerois volontiers *Logique* simplement; & je nommerois alors *Logique des probables*, celle qui roule sur les vraissemblances & les probabilités. On n'a fait jusques ici qu'effleurer cette derniere partie de la Logique, on auroit dû cependant, reconnoissant que nous avons si peu de vérités démontrées, s'y appliquer davantage.

ÆSTHETIQUE.

Lorsqu'il s'agit au contraire d'orner la vérité, de persuader, de plaire à l'ame, d'émouvoir vivement les passions, de représenter au vif les choses naturelles, on ne fait point d'analyse seche, on se contente de combiner legerement les idées, & de faire ensorte, qu'il y ait un sentiment de plaisir attaché à ce résultat de combinaisons. Cette science en général pourroit être appellée *Metaphysique du beau*,

& le mot d'*Æsthetique* me semble bien exprimer cette idée. Elle peut se subdiviser en poësie, en éloquence, en peinture, en sculpture, en gravure, &c. qui ne sont des arts que par rapport à l'exécution, mais qui sont de véritables sciences par rapport à la théorie. Un Poëte sans Philosophie n'est qu'un versificateur; un Peintre sans *principes*, n'est jamais certain si ce qu'il fait est vraiment beau.

De la considération des sciences, qui regardent l'esprit en particulier, je passe à celles qui regardent les corps.

TELEOLOGIE.

La *Somatologie* a différentes branches qu'il faut distinguer séparement. Lorsque le Philosophe s'occupe de l'examen des corps, il a pour but ou les fins, que la nature & son auteur se sont proposées dans les différens phénomenes qui tombent sous nos sens ; & alors il s'attache à la *Teleologie*, ou bien il se propose d'examiner la liaison des causes & des effets, & alors il est Physicien.

PHYSIQUE,
Astronomie Physique.

Le Physicien considere dans

l'univers ou les systèmes planetaires, & alors il traite *l'Astronomie Physique*, qu'il faut distinguer de *l'Astronomie Mathématique*. La premiere donne à connoître la nature de ces corps, la possibilité de leur mouvement, la maniere dont ils se meuvent : celle-ci au contraire calcule la force, le tems & la durée de leur mouvement, mesure leur éloignement & leur grandeur.

STÆCHOLOGIE.

Ou bien il considére notre terre en particulier ; & alors les élemens de la matiere s'offrent à ses recherches : la théorie de ces élemens pourroit être appellée *Stœchologie*. Prenons garde de bien diftinguer ces élemens phyfiques d'avec ceux qui font du reffort de la métaphyfique : le Phyficien fe contente d'élemens fenfibles, il ne pouffe pas fon analyfe au-delà de fes fens, & s'arrête où la nature commence à fe dérober à fes regards. Il compte parmi ces élemens la terre, le feu, l'air & l'eau : d'où naiffent la *Geologie*, la *Pyrologie*, l'*Areologie* & l'*Hydatologie*. Ces élemens ne fe trouvent peut-être jamais féparés, du moins ils font prefque toûjours unis, & c'eft ce qui fait que la partie de la phyfique qu'on appelle *Michtologie* est la plus confidérable.

On a divifé la *Michtologie* en trois parties, qu'on a appellées *regne mineral*, *regne vegetal* & *regne animal*. Il me fuffira d'indiquer cette divifion, & de renvoyer le Lecteur à la table ci jointe. Il verra avec moins d'ennui le détail de toutes ces parties.

Je n'ai eu garde de pouffer l'analyfe & les fubdivifions, jufques à la fin, je me fuis contenté d'épuifer quelques parties plus que d'autres, afin qu'on jugeât de la route que j'ai crû devoir prendre, pour réduire toute la Philofophie fous fes principaux

cipaux chefs, & en indiquer la liaifon.

Cette analyfe réduit la philofophie fous un feul point de vûe, nous fait connoître la liaifon des vérités, & conduit notre efprit par gradation de recherches en recherches. Par ce moyen il regne un ordre très-néceffaire à tout ce qu'on appelle fcience, & c'eft à celui qui traite des fciences particulières en forme de fyftème, à ranger de la même façon les idées & les parties de la fcience qu'il traite. On a pour lors avant que d'approfondir une matiere, une *fciagraphie*, un fquelete devant fes yeux, qu'il ne s'agit plus que d'étoffer.

*P

Tel est enfin le plan de la philosophie : il ne me reste plus qu'à examiner la maniere dont il la faut traiter. Je réduirai tous ces préceptes sous trois chefs.

ATTENTION.

Un Philosophe lorsqu'il traite des matieres philosophiques, pour découvrir & démontrer la vérité, doit tâcher de fixer l'attention de ses Lecteurs, & par consequent il doit écarter tout ce qui pourroit les distraire. On y pense ordinairement fort peu, il semble même qu'on veuille faire tout le contraire, & à voir bien des ouvrages philosophiques, on diroit que leurs auteurs ont eu en vûe de diſtraire les Lecteurs par le nombre d'objets qu'ils leur offrent en même tems. On n'a aujourd'hui pour but que d'amuſer, on craint de fatiguer ſon Lecteur par de *ſérieuſes & profondes méditations*, & l'on redoute plus le nom d'ennuyeux Auteur, que celui d'eſprit foible & médiocre. Cependant il n'y a pas d'autre voie pour parvenir à la vérité que celle de l'attention & de la peine ; il eſt impoſſible de bien juger lorſque pluſieurs objets ſe préſentent à l'eſprit, & nous avons beſoin de toute notre attention pour découvrir le vrai, & ne pas tomber dans l'erreur.

On ne fait pas difficulté d'être abstrait, profond, & même quelquefois obscur dans des ouvrages de mathématiques, & on en fait pour l'être dans ceux de philosophie, tant il y a de bisarreries dans nos goûts. Ce qu'on ne comprend pas tout d'un coup est rejetté : on exige d'un Philosophe qu'il soit à la portée des esprits les moins susceptibles de raisonnement ; & cette prétention est un obstacle invincible à l'accroissement des connoissances philosophiques. Quand on a tant fait que de réduire la métaphysique en vers, que peut-on espérer de connoître avec certitude sur cette matiere ?

Lorsqu'on pose des principes, qu'on les démontre, & qu'on en tire des conséquences, il me semble qu'il est bien nécessaire de *peser* tout pour pouvoir décider, sans donner dans de grossieres erreurs. Ce manque d'attention nous fait rejetter les vérités les plus certaines, à la vûe de quelque foible objection, dont nous n'aurions pas été éblouis, si nous ne pensions pas avec autant de rapidité.

ORDRE.

L'ordre est également nécessaire à la philosophie : ranger tout selon son caprice, juger de l'influence d'une cause sur son effet, sans savoir ce que c'est que cette cause; poser des principes où il suffiroit de les supposer, les alléguer lorsqu'il s'agit de les démontrer; être Métaphysicien en Physique, Physicien en Métaphysique; Théologien dans l'astronomie; parler de Dieu où il ne s'agit que de la matiere, de ses effets & de son mouvement &c. c'est renverser l'ordre de la nature, & s'exposer à tomber dans l'erreur. Toutes les vérités sont liées : ce n'est pas à nous en les recherchant à sauter, pour ainsi dire de chaînons en chaînons. Une vérité nous conduit à l'autre : nous nous épargnerions bien de la peine, & nous éviterions bien des faux raisonnemens en laissant chaque idée à sa place, & en suivant l'ordre analytique, préferable en tout sens à l'ordre synthetique.

PRECISION.

Enfin la précision est le troisieme caractere de la vraie philosophie ; le moins aimé, le moins connu, & celui qui devroit l'être préférablement aux autres. Il ne faut jamais attacher qu'un sens à un même mot; il faut se faire une idée juste de la philosophie & de ses parties, idée qu'il ne faut jamais ni altérer ni abandonner. Il en coûte, il est vrai, & l'esprit se ressent de la peine qu'il se donne ; on devient même quelquefois obscur en voulant être précis : mais cette prétendue obscurité n'est que pour ceux qui veulent tout lire, tout comprendre, & tout juger en un moment. Il ne faut jamais adopter des propositions générales qu'après les avoir déterminées dans leur généralité, & en avoir démontré la vérité : ce sont elles pour l'ordinaire qui sont la source de nos erreurs ; souvent elles ne signifient rien, parce qu'elles signifient trop. Tel est par exemple ce principe si connu pour les beaux arts : *Imitez la nature.* On a dit, il y a plus de mille ans, *ars imitatur naturam* : je ne crois pas qu'on en ait tiré de grands fruits, & on n'en tirera jamais qu'on ne détermine auparavant ce que c'eſt que la nature, comment il faut l'imiter, & juſqu'où l'art doit ſuivre ſes modeles.

Plus on a de préciſion, moins on employe de mots, plus on eſt ſûr de découvrir la force & la foibleſſe d'un raiſonnement. C'eſt faute de préciſion qu'on s'occupe à diſputer ſur des choſes de rien, & qu'on ſe croit ſouvent d'un ſentiment différent, lorſqu'on a le même rendu différemment.

Je ne veux pas dire par-là,

qu'il ne faille jamais écrire d'une maniere agréable, & dégagée de l'ordre & de la précision didactiques : au contraire ces sortes d'ouvrages ont leur utilité, ils délassent & amusent l'esprit ; & ne gâtent rien pour ceux qui ne négligent pas la véritable maniere de philosopher. Je ne veux dire autre chose, sinon que lorsqu'on écrit des traités de philosophie, dans la vûe de démontrer quelques vérités, ou de réfuter quelques erreurs, ou d'établir un systême, il faut se refuser aux agrémens du stile & des idées, pour se donner tout entier à la précision & à l'ordre, qui sont l'ame de la Philosophie.

Il faut alors bannir l'imagination, & ne lui laisser aucune part dans nos méditations : elle trouble autant le Philosophe dans ses recherches, qu'elle plaît dans la poësie & dans les pieces d'éloquence.

Si l'on avoit toûjours eu ces vérités en vûe, auroit-on cherché à prouver dans un traité de Métaphysique, qu'*Adam* a été le premier homme ? auroit-on disputé sur des mots ?

La Philosophie a la vérité pour objet : il s'agit donc d'y prouver, que ce qu'on avance est vrai. Mais comme la vérité considérée par rapport aux hommes, est ou démontrée ou probable, le Philosophe doit s'occuper avec soin à distinguer l'une de l'autre, à ne pas appeller démontré ce qui n'est que vraisemblable : & il doit après avoir recherché les regles de probabilité, déterminer les différentes classes & les différens degrés de vraissemblance, & ranger sous chaque classe les découvertes qu'il a faites.

Il ne faut point reprocher aux Philosophes leur subtilité : ce seroit reprocher aux Algebristes leurs racines imaginaires. L'esprit humain a besoin de ces secours, il ne sauroit faire trop d'abstractions lorsqu'il raisonne.

Les remedes les plus salutaires ne deviennent-ils pas pernicieux dans les mains des Empiriques, parce qu'ils ne font pas en état de juger d'un cas individuel, & de fubtilifer? Il n'y a dans la nature qu'un degré de convenable à quelqu'effet que l'on veuille produire, un peu plus ou un peu moins détruit la convenance : c'eft au Medecin fage & habile à tâcher de la découvrir. Il en eft de même dans la Philofophie, & fi l'on a vû des gens chercher des fubtilités inutiles, n'en a-t-on pas vû encore davantage méprifer celles qui étoient néceffaires ? Pourquoi ne faifons nous pas difficulté d'entrer dans les plus petits détails du commerce de la vie ? n'est-ce pas parce que nous croyons que le petit conduit au grand, & que connoître légerement le total en ignorant ce qui le compose, c'est ne rien savoir? La vérité seroit-elle d'un moindre prix, ou pourroit-elle se découvrir plus facilement, que des choses sur lesquelles l'expérience des autres nous instruit suffisamment ?

Que dirons-nous enfin des principes abstraits? que répondre aux objections de l'ingénieux Auteur *du Traité des Systèmes*? On pourroit peut-être sans blesser la vérité, n'être pas toûjours de son sentiment ; je vais tâcher d'éclaircir mes idées.

J'appelle principes abstraits, toutes les vérités évidentes par elles-mêmes, & qui peuvent être affirmées de tous les êtres en général & en particulier sans aucune exception. Ces principes ne sont pas je l'avoue, la source de nos connoissances, peu de bons Métaphysiciens l'ont avancé; ils ne sont pas non plus des principes innés, mais ils sont les seuls, qui peuvent nous mettre en état de démontrer *quoique ce soit.*

Qu'est-ce que démontrer une vérité, si ce n'est conduire quelqu'un par des raisonnemens, jufqu'au point d'admettre cette vérité, ou de contredire des principes évidens par eux-mêmes? Toute autre démonftration n'eft qu'un affemblage de probabilités, l'efprit ne fe fent jamais convaincu que de la premiere maniere : il n'acquiefce que lorfque tout doute eft évanoüi, & ceux-ci ne peuvent difparoître, que lorfqu'ils font renverfés par des vérités évidentes.

On me dira qu'il n'eft pas néceffaire de remonter par exemple jufqu'au principe de contradiction, pour démontrer que je ne puis pas être en deux lieux différens à la fois. Je réponds que

que cela eſt vrai, mais que cette vérité a une liaiſon trop ſenſible avec le principe évident, pour qu'on cherche à la prouver : cette vérité eſt le principe de contradiction même appliqué à un cas particulier. Si au contraire la liaiſon eſt difficile à entrevoir, il ſera bien néceſſaire d'y remonter. Tout le monde ſait que deux demi-cercles ſont égaux : mais quelqu'un qui ignoreroit la géometrie, & à qui il faudroit démontrer, que deux angles verticaux ſont égaux, quoiqu'il ſût cette premiere vérité, n'en voyant pas la liaiſon avec la ſeconde, ne ſeroit pas convaincu ſi l'on ſe contentoit de lui dire : *ou deux angles verticaux sont égaux, ou deux demi-cercles ne le sont pas* ; il faudroit donc lui faire sentir la liaison intime de ces deux vérités, ce principe seroit donc d'une nécessité absolue pour le convaincre de ce théorème.

La comparaison est juste. Les axiomes sont à la géometrie, ce que sont les principes abstraits à la Philosophie. Les uns & les autres disparoissant, nous connoîtrions, il est vrai, toutes les autres vérités, mais nous n'en serions pas certains.

Prenons pour plus de clarté un exemple dans la Métaphysique : le principe de la raison suffisante m'en fournira deux. Ce principe que nous ne devons pas plus à *Leibnitz*, que le principe de contradiction, est une vérité évidente par elle-même dès qu'on s'explique. Ce célebre Philosophe entendoit par-là, qu'il n'y avoit rien d'existant (M. de Wolf, a eu raison d'étendre ce principe aux possibles), qui n'eût un certain assemblage de raisons, par lesquelles on pût connoître pourquoi il est ainsi & non autrement : de-là on tire cette conséquence que tout ce qui répugne au principe de la raison suffisante, est faux; ou ce qui revient au même, que ce qui en l'admettant don-neroit des êtres qui n'auroient pas un assemblage de raisons, par lesquelles on pût connoître pourquoi il est ainsi, & non autrement, est faux.

Ce principe si simple & si vrai seroit-il entierement inutile ? Bien loin de-là, s'il nous manquoit, il nous seroit impossible de démontrer bien des vérités ; il sert de base à la plûpart de nos démonstrations, il y en a même beaucoup où cela est sensible : en voici deux.

L'espace réel a été une chimere long-tems adoptée, & défendue avec aigreur contre les raisons les plus solides. *Leibnitz* est le premier qui en a fait voir l'impossibilité, & qui a démontré au moyen du principe de la raison suffisante, que l'espace n'étoit qu'une relation, formée par des simultanées posés les uns hors des autres.

Si l'espace étoit quelque chose de réel, on demanderoit pourquoi l'univers est placé ainsi & non autrement ; on demanderoit supposé que l'espace fût un *accident*, quel seroit sa substance ; & supposé qu'il fût une substance infinie, immobile, &c. pourquoi il y auroit deux êtres infinis & coexistans : or toutes ces suppositions n'ont point de raison suffisante, donc elles sont fausses, donc l'idée dont elles découlent est fausse. Il me semble qu'il n'y a rien à répondre à ce raisonnement, & que l'esprit est convaincu par une démonstration complette.

La seconde démonstration, où le principe de la raison suffisante est d'une très-grande utilité, est celle qui regarde l'impossibilité du vuide dans l'univers, la voici.

Le vuide disséminé suppose l'*actio indistans*, c'est-à-dire, qu'un mouvement soit propagé sans milieux: or cette supposition répugne au principe de la raison suffisante, parce qu'alors quelque chose agiroit sur rien, & le rien réagiroit sur quelque chose, le rien deviendroit la raison de quelque chose, ou ce qui revient au même, quelque chose seroit sans raison. Donc l'hypothese du vuide disseminé est fausse.

Qu'on ne me dise pas que ces erreurs seroient connues sans ce principe : ce n'est pas de quoi il est question ; il s'agit de savoir si sans l'employer on pourroit démontrer le contraire & convaincre vraiement l'esprit. On pourra le faire par des raisons, qui expliquées, ne signifient autre chose que le principe de la raison suffisante.

Les principes abstraits étant vrais & évidens par eux mêmes, servent donc à démontrer, parce que l'esprit y acquiesce, étant pleinement convaincu. Il ne résiste à la démonstration que lorsque la liaison qu'il y a entre la vérité que l'on doit démontrer, & le principe, ne lui est pas sensible.

Mais les systèmes abstraits, à quoi nous serviront-ils? En condamnerons nous, ou en approuverons nous l'usage? Je réponds : ou l'on appelle ainsi les systèmes qui n'ont que des principes abstraits, & je n'en connois point de cette espece : ou bien on appelle ainsi ceux qui en ont quelques-uns, & alors je crois qu'il n'y en a pas de possible qui ne soit abstrait.

Il est seulement bon de remarquer,

marquer, que plus un système regarde des choses individuelles, moins les principes sont abstraits. La Métaphysique en a de bien plus abstraits que la Physique; & celle-ci, que la theorie du feu. Car dans le premier cas, il s'agit de tous les êtres, dans le second de tous les corps de cet univers, dans le troisieme d'un seul élément physique. Ainsi, par exemple, les lois générales de la chaleur seront les principes abstraits de la pyrologie; les lois du mouvement, ceux de la Physique; & les principes généraux des qualités des êtres, ceux de la Métaphysique.

* R

Je ne nierai point qu'il n'y ait de l'abus dans les principes abstraits : il consiste à les mal placer, & à en établir sans nécessité. Il ne faut y recourir que dans le besoin. J'ai une vérité physique à démontrer, je tâche de la déduire des principes de la Physique, que je regarde comme abstraits : si ces principes sont certains, tout Physicien voyant que la déduction est faite selon les regles de la Logique, acquiesce à ma démonstration ; si ce principe est douteux, c'est à moi à le démontrer, & alors il est tems d'en venir aux principes abstraits de la Métaphysique. J'ai supposé dans mon essai de Pyrologie les lois générales du mouvement: si quelqu'un en doutoit, il ne pourroit être sûr des conséquences que j'en ai tirées, qu'après qu'on lui auroit démontré ces lois générales, qui ont enfin leur derniere raison dans des principes de Métaphysique.

Nos connoissances s'acquiérent par les sens, la certitude naît en remontant. C'est donc au Philosophe à savoir le lieu convenable de ces principes; c'est à lui à se tenir sur ses gardes, lorsqu'il en tire des conséquences. Il y a moins d'abus dans les principes abstraits mêmes que dans le défaut de Logique, & dans le peu d'exactitude à les placer convenablement. Il est ridicule de remonter en Physique à la contingence des corps, pour démontrer l'impossibilité du mouvement perpétuel.

Le grand point enfin roule sur les principes mêmes. Tout ce qu'on appelle principe abstrait ne l'est pas. Les comparaisons ne sont point propres, & ne servent jamais à démontrer, elles ne font qu'éclaircir les idées. Mallebranche a plus péché par-là, que par le défaut de Logique.

Pour peu que l'on réfléchisse

que toutes les vérités sont liées ensemble, qu'il y en a de premieres, qu'elles sont d'autant moins déterminées qu'elles s'éloignent des idées sensibles, & que ce qu'il y a de plus important dans la vérité, c'est la certitude : on ne doutera pas de l'utilité des principes abstraits.

Quand on a de l'esprit, il est facile de donner du ridicule à ce que l'on veut refuter : mais on devroit se défier de ces traits éblouïssans, qui portent souvent coup, & que des esprits peu philosophiques prennent pour des démonstrations.

Quel ridicule n'a-t-on pas jetté dans les commencemens

sur le système de la pluralité des mondes, & sur celui de *Copernic*? Qu'y avoit-il cependant de plus vrai, & j'ose le dire de mieux démontré?

C'est par les abus, qu'on attaque la plûpart du tems, des idées qu'on veut détruire : il est inutile de répondre à cette objection, la malice & la foiblesse des hommes qu'on ne sauroit changer, & qui ne doivent pas empêcher la recherche de la vérité, justifient l'usage de tout ce dont on peut abuser.

Un reproche plus grave, mais moins fondé, que l'on fait aux systèmes abstraits, c'est de réduire la Philosophie à des disputes sur des mots, & à des idées fort peu distinctes, & presque toûjours confuses. Je ne crois pas que personne ait jamais pensé qu'il y eût des systèmes abstraits sans idées distinctes; ce reproche tombe donc sur une certaine partie d'idées que l'on dit être confuses. Mais prenons garde que, supposé même que le nombre de ces dernieres fût plus grand que celui des idées distinctes, on n'auroit pas encore prouvé ni l'inutilité ni le danger des systèmes abstraits. C'est à un esprit un peu philosophique à chasser des systèmes qu'il embrasse, tout ce qui s'y trouve de confus.

D'ailleurs ce reproche est vague : il s'agit d'examiner les systèmes, & d'y montrer cette confusion qu'on leur reproche, & qui, quand même elle y seroit, pourroit bien avoir une autre source que celle qu'on allegue. Il est même assez clair que les idées abstraites, bien loin de causer de la confusion, répandent beaucoup de clarté sur des matieres très-épineuses.

Les Eclectiques & les Pirrhoniens s'opposent encore à cette regle si connue des scholastiques, & dont on a beaucoup abusé, qu'il *ne faut jamais mettre les principes en question*. Mais que pourroit-on dire de bien fort contre cette prétendue loi des Logiciens, si on ne l'entendoit que des principes évidents par eux-mêmes, qui ou ne peuvent pas être démontrés, comme par exemple celui de contradiction, ou dont la vérité est si palpable qu'il est absolument superflu de les démontrer? D'ailleurs il n'y auroit jamais de fin aux discussions, si l'on exigeoit d'un Philosophe, qu'il démontrât jusqu'à la vérité de son existence. Mais j'abandonne volontiers ce principe, que peu de Philosophes modernes ont adopté : les Eclectiques auront la peine d'entendre des démonstrations, dont ils auroient pu se passer.

L'expérience est enfin le seul guide que l'on veut suivre : une femme Philosophe dit, *qu'elle est le flambeau de la vérité*. N'auroit-on pas raison de dire plûtôt que c'est un moyen assûré de se tromper, si l'on n'a point de principes, & si l'on tire à la légere mille conséquences qui semblent en découler. Il faut bien plus de précaution pour rechercher la vérité par les expériences, que par le raisonnement. Ne voit-on pas tous les jours les Physiciens défendre par des expériences des sentimens opposés, & opposer les unes aux autres ? Preuve que l'expérience seule, ainsi que le raisonnement seul, ne suffisent pas pour éviter l'erreur & trouver la vérité.

Les erreurs des Physiciens que l'on peut imputer à un défaut de raisonnement & de Logique, peuvent se réduire à celles-ci. I. Expliquer un phénomene, c'est en trouver la cause ; comme si un même effet ne pouvoit pas être expliqué différemment, & avoir différentes causes. II. On croit tout appercevoir dans les expériences ; donc ce qui ne tombe pas sous nos sens n'existe pas. III. Ce qui a précedé un effet en est la cause. IV. Tout ce qui ne peut pas servir à quelqu'un pour expliquer un effet n'en est pas la cause. V. Tout ce qu'on ne comprend point n'existe pas. VI. Une cause a produit un tel effet dans tel tems, donc dans un autre tems elle ne sauroit produire un effet contraire. VII. Je vois cela ainsi, donc cela est ainsi. Si avec de pareils préjugés on fait des expériences moins pour trouver la vérité, que pour fortifier ses sentimens & ses hypotheses, a-t-on lieu d'espérer & de croire que l'expérience est un guide assûré pour rechercher le vrai ?

Rejetter l'expérience est une autre extrémité très-condamnable. Prenons un juste milieu, ne nous défions pas trop des lumieres de notre raison, & que l'impossibilité où nous nous trouvons quelquefois d'avoir des idées distinctes de certaines choses, ne nous engage pas à donner entierement dans le Pirrhonisme ou dans l'*Eclecticisme*.

C'est-là ce que j'ai cru pouvoir établir contre les sentimens d'un Auteur généralement estimé, qui sans être Pirrhonien a voulu d'un seul coup renverser tous nos systèmes, & en a réfuté plus d'un & ébranlé quelques autres. J'ai pensé qu'il falloit prendre en main une cause que personne n'avoit défendue depuis que cet ingénieux Auteur l'avoit attaquée. Je céderai volontiers si l'on veut bien me faire voir les erreurs dans lesquelles je suis tombé.

ADDITION,

A la Dissertation sur les differentes parties de la Philosophie, concernant les Mathematiques en particulier.

IL ne sera peut-être pas inutile de dire quelque chose sur les Mathématiques, à la suite des réflexions qui regardent la Philosophie en général. J'ai dit que toutes nos connoissances étoient ou philosophiques ou historiques, & que les premieres ayant pour objet ou des quantités ou des qualités, elles se subdivisoient en connoissances mathématiques, & en connoissances philosophiques proprement dites.

On peut considérer les connoissances mathématiques, en faisant abstraction des corps, ou en les envisageant dans les corps mêmes.

Lorsqu'il s'agit de les considérer, abstraction faite des corps, on se sert ou de signes déterminés ou de signes indéterminés.

ARITHMETIQUE.

La science des combinaisons de quantités exprimées par des signes déterminés & connus, est ce qu'on appelle communément *Arithmetique*.

Celle

ALGEBRE.

Celle de quantités exprimées par des signes indéterminés & inconnus, est ce qu'on appelle *Algebre*, science que *Newton* a très-bien caractérisée, lorsqu'il l'a nommée *Arithmetique univer-selle*. On a tort de s'imaginer que le caractere essentiel de l'*Al-gebre*, soit celui de déterminer des inconnus : ce caractere est commun à toutes les sciences, & l'est également à l'*Arithméti-que*. La commodité que l'on a dans l'*analyse*, de n'être pas toû-jours obligé d'avoir présent à l'esprit, ce que les signes dont on se sert signifient, la rend à certains égards plus facile que l'*Arithmétique* : mais le nombre infini de comparaisons qu'il faut faire, l'universalité à laquelle il faut toûjours tendre & les voies detournées, qu'il faut prendre souvent pour parvenir à une équation finale, qu'on est encore obligé de résoudre, la rendent bien plus difficile.

Quand on s'occupe à la recherche des vérités mathématiques, eu égard aux corps mêmes, on s'apperçoit facilement que les corps peuvent être considerés ou par rapport à la simultanéité, ou par rapport à la succession.

CHRONOLOGIE.

La succession se trouvant liée ou avec le tems ou avec l'espace ; la science des quantités considérées dans la succession des tems, ou la science de lier la succession des idées avec la révolution de quelque corps, & d'appliquer l'un & l'autre à des choses simultanées, sera ce qu'on nomme *Chronologie*.

DYNAMIQUE.

La science au contraire des quantités considérées dans la succession de lieu, ou la science de juger des rapports qui se trouvent dans les différens mouvemens, & de les réduire à des regles générales, sera ce que nous appellons *Dynamique*.

Dans la considération des êtres simultanées le Mathématicien examine ou les corps en général, ou quelques corps particuliers.

GEOMETRIE.

Les vérités mathématiques appliquées aux corps en général, font le sujet de la *Géométrie*, qui se subdivise en *Longimetrie, Planimétrie*, & *stéréometrie*.

La *planimetrie* traitant des surfaces, & les surfaces étant de différente nature, elle doit se subdiviser en plusieurs parties.

Les sciences dont je viens de parler font la base de toutes les mathématiques. Les Mathématiciens les appellent ordinairement *sciences pures*, & entendent par *sciences appliquées*, celles dont je vais parler. En effet toutes les autres parties des mathématiques ne renferment que les mêmes vérités, déguisées seulement par la différence des applications.

Parmi les corps particuliers, le Mathématicien soûmet à ses recherches ou les corps totaux de l'univers, ou les corps particuliers de notre globe.

ASTRONOMIE.

La science du mouvement, de la grandeur &c. des corps totaux de l'univers se subdivise en *astronomie* & en *géographie astronomique*.

La premiere regarde tous les corps de l'univers, excepté notre globe : la seconde ne traite que de notre terre. L'une & l'autre de ces sciences peuvent encore être subdivisées.

Les corps particuliers de notre terre, sont ou des élemens physiques, ou des corps composés de ces élemens. Ces deux classes renferment différentes sciences, qu'il est inutile de détailler ici, la table analytique des mathématiques que j'ai jointe à cet essai, suffira pour en faire voir la liaison ; & les noms seuls désignent assez ce que renferment ces sciences.

Il n'est pas difficile de juger à présent de l'étendue des mathématiques : elle paroît infinie, & on ne pourra peut-être jamais en déterminer les bornes.

Les mathématiques sont donc la science des quantités, en tant qu'elles peuvent être appliquées à des choses qui tombent sous nos sens. C'est une science de rapports & de combinaisons.

Mais qu'appellera-t-on Mathématicien? Nommerons-nous ainsi tous ceux qui travaillent à l'étude de quelques parties de cette science? Non, un homme ne mérite ce nom, que lorsqu'il s'est approprié des vérités que d'autres ont découvertes, & qu'il s'est mis en état d'en découvrir quelques-unes par lui-même.

Quelqu'utiles que soient les mathématiques, elles ont pourtant donné naissance à des abus très-dangereux, & dont il est nécessaire de parler ici. On connoît la méthode des Mathématiciens : rigoureux dans leurs démonstrations, & rigides obser-

observateurs de l'ordre, ils n'admettent rien qui ne soit certain, & leurs axiomes sont toûjours hors de doute, parce qu'ils découlent nécessairement de leurs suppositions. Cette méthode si admirable & si nécessaire dans les mathématiques, devient très-pernicieuse aux sciences dans lesquelles on la transporte, lorsque les matieres qui y sont discutées, ne sont ni susceptibles de certitude, ni dans le cas de souffrir des suppositions arbitraires : premier abus des mathématiques.

Le second abus, c'est l'application du calcul à des choses où il n'est pas permis de supposer, ou du moins où les suppositions ne sauroient conduire à la vérité.

Il est ridicule de vouloir démontrer toute la Physique & la Theologie, comme on démontre des vérités mathématiques. Ces sciences demandent un autre langage. D'ailleurs la certitude des principes n'est pas la même par-tout ; & par rapport au calcul les comparaisons ainsi que les relations ne sont pas aussi sensibles dans les sciences dont il est ici question, que dans les mathématiques, pour y déterminer de même les quantités, les degrés, & les nuances, si j'ose ainsi parler, qui s'y trouvent.

Il seroit à souhaiter, que quelque grand Géometre, pourvû qu'il eût autant de philosophie que de géometrie, entreprît d'examiner ce problème, savoir dans quelles sciences l'on peut employer avec fruit la méthode des Mathématiciens, & dans lesquelles il seroit à propos de transporter le calcul. Il est facile de s'appercevoir des extrémités : mais il ne l'est pas également de prescrire les bornes, qu'il est dangereux de franchir. Tout le monde déplore l'aveuglement de ce savant Allemand, (*a*) qui vouloit appliquer des

───────────

(*a*) *Jean Caramuel de Lobkowits.* Voyez son livre intitulé, *Mathesis audax*,

vérités géometriques, aux idées les plus intellectuelles : mais tout le monde ne s'apperçoit pas, combien d'erreurs l'application des mathématiques aux

Lovan. 1644. Il cherchoit à résoudre ce problème: Savoir si Dieu pouvoit créer deux Anges, dont la perfection réciproque seroit comme le sinus d'un angle de 30 degrés au sinus d'un angle de 55. Il disoit *que Dieu consideré comme un, est une sphere intellectuelle dont le centre est par tout, & où il n'y a point de circonférence.* Il y a un livre de M. Mich. Bern, Pasteur de l'Eglise de *Wandersbeck* qui est dans ce goût : il est intitulé: *La lumiere naturelle du jugement proposée dans son essence certaine, & dans l'art algebrique, & par conséquent d'une maniere infaillible*, Hamburg, 1711. Je souhaiterois pour l'honneur de la nation, que ce livre n'eût jamais paru, ou qu'il eût paru il y a 400 ans : encore seroit-ce faire tort au quatorzieme siecle.

pures conjectures de la physique nous a fait adopter ; erreurs que l'apparence de la certitude, nous fait prendre pour des vérités.

Peut-être même a-t-on eu tort de penser à faire des sciences *physico-mathematiques*, une classe séparée. L'inconvénient qui y est attaché, devroit engager les Physiciens, aussi-bien que les mathématiciens, à séparer les sciences mathématiques des sciences physiques. On voit tous les jours des ouvrages, qui seroient excellens, si l'on n'avoit pas eu le dessein de démontrer des conjectures, & d'appliquer au moins inutilement, le calcul à des hypotheses très-incertaines. On doit diſtinguer le certain du probable & du douteux. Il eſt dangereux d'éblouïr le lecteur par une ſuite de calcul juſte, c'eſt-à-dire, par une ſuite de raiſonnemens très concluans, mais dont les principes & les ſuppoſitions ſont ou fauſſes, ou du moins incertaines. Il eſt auſſi condamnable de conjecturer ſur les habitans des planetes, dans un ouvrage d'aſtronomie, & d'appuyer ſes conjectures par des calculs, ou d'expliquer le myſtere de l'aimant dans un traité mathématique des lois de la répulſion & de l'attraction, que de mettre des rêveries au nombre des axiomes. Le Mathématicien peut travailler sur les mêmes sujets que le Physicien, il n'en a pas de particuliers : mais il doit bien distinguer si ce qu'il recherche est physique ou bien mathématique. Lorsqu'il est Physicien, il doit se refuser au plaisir de calculer & de démontrer. On dit bien qu'on ne fait que supposer, & qu'on ne regarde toutes les conséquences calculées que comme des probabilités : mais l'expérience nous a appris, qu'on n'est que trop porté à regarder des suppositions comme des démonstrations.

Ce qui fait que dans plusieurs

matieres, ceux qui ont de l'expérience connoiffent avec plus de certitude ce qu'ils favent, que ceux qui n'ont que de la théorie, c'eft la fuppofition de mille chofes, qui n'exiftent pas de la maniere dont le Mathématicien fe les repréfente.

On doit la certitude des mathématiques à la liberté que l'on a de fuppofer, & à la clarté des idées qu'on y propofe. Tout le monde a une idée jufte d'un triangle, de l'égalité de fes trois angles à deux angles droits, &c: mais peu de gens ont des idées claires de ce qu'on appelle nature, fubftance, mouvement, force, gravité, &c: mots dont on eft obligé de fe fervir, dans presque toutes les autres sciences. On part d'une définition vraie & d'un axiome reconnu, il n'y a plus qu'à tirer une conséquence juste, & la démonstration est complette: mais peut-on en faire autant, lorsqu'on ignore ce que l'on veut définir, & que tout le monde n'est pas d'accord ni sur les principes, ni sur les axiomes ?

S'il est ridicule d'appliquer des quantités *extensives* à la morale, il ne l'est point, & il est même utile de n'y pas négliger les quantités *intensives*. Dire qu'un cercle est l'emblème d'un homme parfait, & vouloir démontrer géometriquement, quel est l'intérêt sensible de nos amis, qu'il faut préférer à quelques petits intérêts qui nous regardent, c'est ou ne rien dire ou tomber dans l'erreur. Mais comparer entr'eux les motifs qui doivent nous déterminer, & choisir le plus fort, c'est agir sagement, & se mettre dans le cas de choisir toûjours le meilleur dans les circonstances où l'on se trouve. Je vais donner un exemple, qui rendra mon idée plus sensible.

Qu'il s'agisse de savoir, si un Roi doit déclarer la guerre à un de ses voisins, qui lui retient un héritage qui lui est légitimement dû : il y a trois sortes de motifs à considérer. 1°. Ceux de droit : il n'est pas douteux que l'on peut attaquer celui qui nous retient ce qui nous est dû, quelque petit que soit ce que nous demandons, 2°. Ceux d'équité: il est certain que l'on ne doit pas sacrifier ses peuples à de légers avantages, & qu'il faut préférer la perte de quelques biens à la ruine de tant de malheureux innocens. 3°. Ceux de prudence : il n'est pas toûjours de la bonne politique de commencer une guerre, sans être sûr du succès ; de lever des impôts & d'appauvrir ses sujets, pour des avantages qui ne contribuent en rien au bonheur de l'Etat ; de s'aggrandir dans des tems où la jalousie de nos voisins peut nous devenir dangereuse &c. ces motifs & tant d'autres, qui naîssent des circonstances, que je ne puis pas déterminer, doivent être comparés ensemble, & mis dans une juste balance, afin de ne choisir que ce qu'il peut y avoir de meilleur. Il s'agit d'examiner quel est le degré de lésion, & le degré d'avantages, qui nous autorisent à enfreindre quelques lois de l'équité. Le bonheur des sujets est la derniere fin que l'on doit se proposer, & c'est d'après cette fin qu'il faut peser les motifs.

La comparaison de ces différens motifs n'est pas si facile à faire. Un homme de bien peu éclairé se trompe aussi souvent qu'un ambitieux enfreint les lois de l'équité. Le premier péche faute de prudence, ou de connoissance de ses droits ; le second faute d'équité. Il seroit très-utile de penser à cette Logique de comparaison, afin de faire un bon choix, ainsi que d'étudier celle des vraissemblances pour prévoir l'avenir, & y conformer nos actions.

Pour peu que l'on connoisse les mathématiques, il est impossible de ne pas convenir de leur utilité. Elles servent surtout à accoûtumer notre esprit à la méthode, à le rendre propre aux découvertes, à le faire à la précision, & à fixer son attention. La philosophie doit tous ses progrès aux mathématiques, quelque nuisibles qu'elles lui ayent été quelquefois.

Aristippe, *Epicure*, *Sextus Empiricus*, *Pic de la Mirandole*, (a) *Louis Vivès* (b), *Cornelius Agrippa*, (c) *P. Poiret*, (d) *Thomas Hobbes*, (e) font à peu près les feuls qui ayent jamais douté de l'utilité des mathéma-

(a) Voyez le II. Vol. de fes ouvrages: il prétendoit que les Mathématiques nuiloient à la Theologie.

(b) Dans fon traité de *Corrupt. art.* vol. 1. de fes œuvres. p. 211.

(c) *De Nettenheim* : voyez fon traité intitulé *de Incertitudine & vanitate fcientiarum*, Lepf. 1714.

(d) Dans fon Livre intitulé, *de Vera eruditione falfa & fuperficiaria*, Lipf. 1694. Le Comte de *Herberstein*, l'a très-bien réfuté, dans fon Livre intitulé, *Mathemata adverfus umbratiles P. Poireti impetus propugnata, Pragæ* 709, qui eft fort eftimé.

(e) *Honoré de Meynier*, s'eft donné

tiques, & qui ayent osé les faire passer pour nuisibles ou pour incertaines; encore la plûpart d'entr'eux n'ont-ils donné dans cette idée, que parce qu'ils étoient Pyrrhoniens. On fait peu de cas des ouvrages que ces grands hommes ont écrits contre les mathématiques : on a dejà oublié que *Nieuventith*, & l'Abbé *Galois*, ont écrit contre le calcul différentiel, dû à *Leibnitz* ou à *Newton*.

la peine de réfuter sérieusement les sophismes d'*Hobbes*, dans un ouvrage, qui parut sous le titre de *Paradoxes contre les mathématiques qui abusent la jeunesse*. 1692.

F I N.

ERRATA.

Page 85. l. 8. *plan*, lisez, plein.

96. l. 1. ; lisez , ,

121. l. 13. *convergens*, lisez , convergens & divergens.

ANALYSE DES DIFFERENTES PARTIES DE LA PHILOS

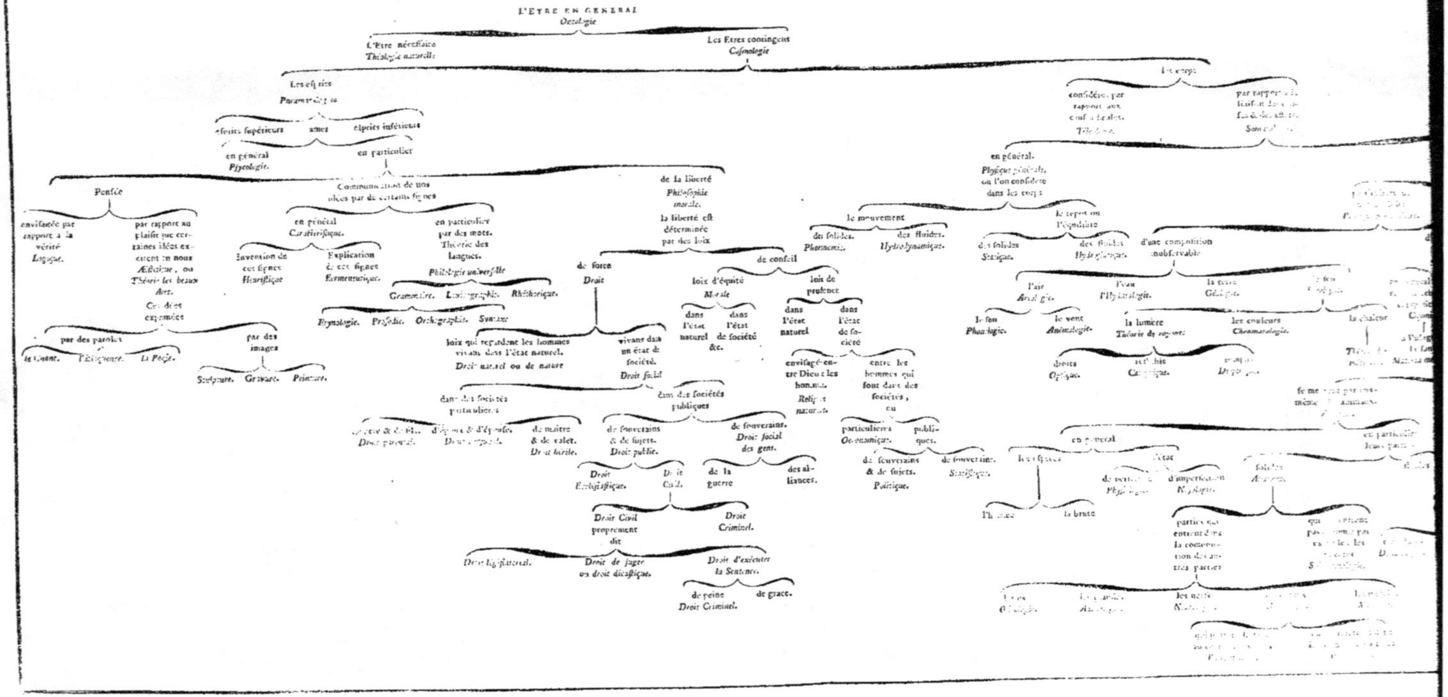

ANALYSE DES DIFFÉRENTES PARTIES DE LA PHILOSOPHIE.

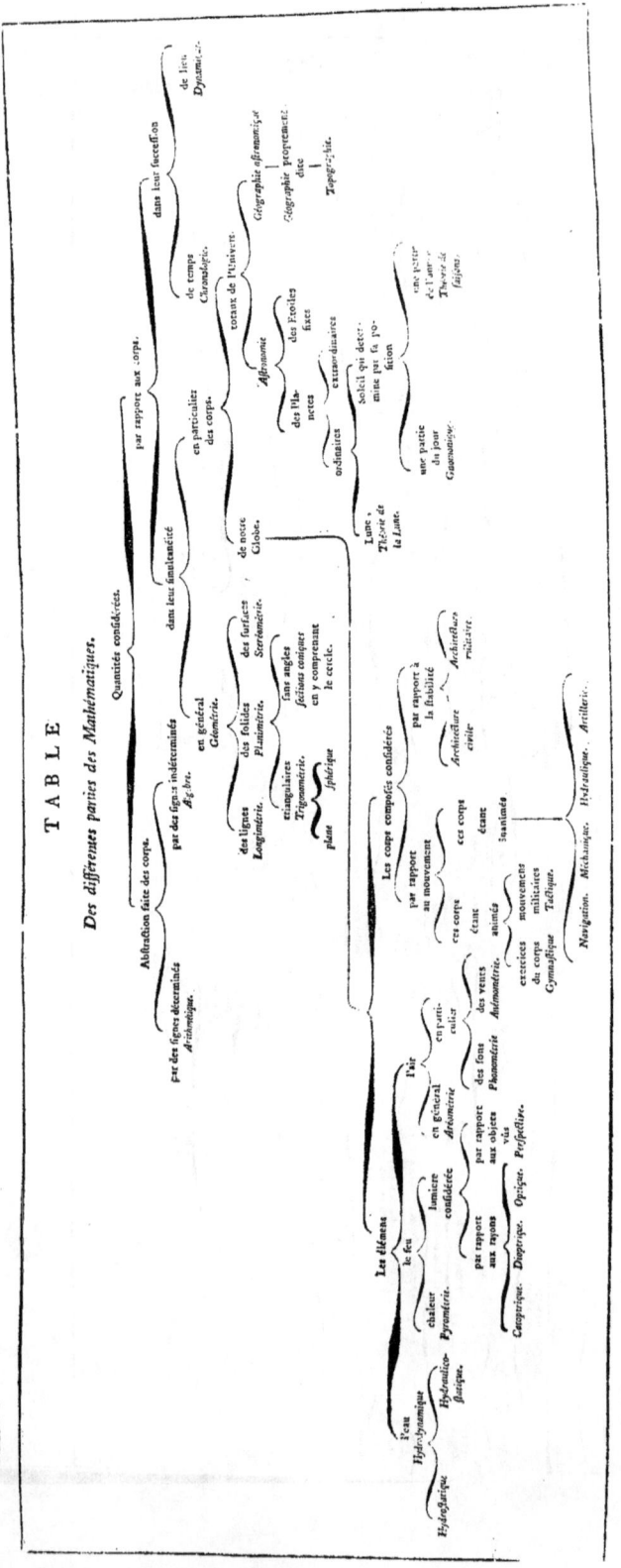

www.ingramcontent.com/pod-product-compliance
Lightning Source LLC
Chambersburg PA
CBHW060131170426
43198CB00010B/1123